W0261856

SPRINGER COMPASS

Herausgegeben von
G. R. Kofer   P. Schnupp   H. Strunz

G. Goos   G. Persch   J. Uhl

Programmiermethodik mit Ada

Springer-Verlag
Berlin Heidelberg New York
London Paris Tokyo

Professor Dr. Gerhard Goos
Dr. Guido Persch
Dr. Jürgen Uhl

GMD Forschungsstelle für Programmstrukturen
an der Universität Karlsruhe (TH)
Haid- und Neu-Str. 7
D-7500 Karlsruhe 1

ISBN-13:978-3-642-71895-3   e-ISBN-13:978-3-642-71894-6
DOI: 10.1007/978-3-642-71894-6

CIP-Kurztitelaufnahme der Deutschen Bibliothek. Goos Gerhard: Programmiermethodik mit Ada /
G. Goos; G. Persch; J. Uhl. – Berlin; Heidelberg; New York; London; Paris; Tokyo: Springer, 1987.
(Springer compass)
ISBN-13:978-3-642-71895-3

NE: Persch, Guido:; Uhl, Jürgen:

Buchb. Verarbeitung: J. Schäffer, 6718 Grünstadt
2145/3140-543210

Vorwort des Herausgebers

Ada ist die erste „softwaretechnologische" Programmiersprache – zumindest unter denjenigen Sprachen, die nicht nur als Laborexperiment oder Unterrichtsmittel gedacht waren, sondern von vornherein für große Anwendungsprojekte. Diese Behauptung sollte man natürlich kurz begründen.

Wenn früher eine Institution oder ein Standardisierungsgremium sich daran machte, eine neue Programmiersprache zu entwickeln, dann wurde mancherlei berücksichtigt: natürlich das geplante Anwendungsgebiet, zum Beispiel kommerzielle Aufgaben bei COBOL, oder schlicht „alles", wie im Falle von PL/1. Man dachte auch an bestimmte Sprachmodelle, etwa „beinahe Englisch" oder „mathematische Formeln". Die Praktiker im Ausschuß konnten Makro- oder *include*-Mechanismen beisteuern. Und falls wirklich jemand der Beteiligten sogar schon einmal einen Compiler geschrieben hatte, durfte er vielleicht sogar den einen oder anderen Hinweis darauf geben, ob und wie man das ganze dann anschließend eventuell implementieren könne (nicht daß viele darauf hörten – schließlich hatte man inzwischen Arbeitsspeicher von 64K und mehr, und da wird sich so ein bißchen PL/1 ja schließlich noch drin unterbringen lassen).

Aber an eines dachte bei diesen früheren Sprachen wirklich niemand: an die *Softwaretechnologie*, die für die Abwicklung eines größeren Projekts im Team nun einmal nötig ist, und an eine Einbettung in Software-Entwicklungsumgebungen, die mehr sind als nur ein paar Standard-Bibliotheken.

Mit *Ada* wurde dies anders. Erstmals wurde nicht nur beim Sprachentwurf darauf geachtet, sondern es wurde sogar neben der Sprache eine Entwicklungsumgebung, die *APSE*, spezifiziert.

Deshalb ist diese Programmiersprache eine gute Basis, an ihr Softwaretechnologie zu lehren und zu lernen. Sie ist hierfür sicher besser geeignet als COBOL, an dem man eigentlich nur vorführen kann, wie man *trotzdem* ordentlich programmiert, oder PL/1, das sich als Demonstrationsobjekt dafür eignet, wie man ein Monster beinahe zu einem Pascal herunterstutzen kann, ohne ihm irgendetwas Wesentliches zu nehmen.

Das Buch, das Sie jetzt in Ihren Händen halten, vermittelt also moderne Programmiermethodik mit *Ada*. Seine Autoren sind auf diesen Gebieten sicher die qualifiziertesten Experten, die wir finden konnten.

Sie haben nicht nur eine bekannte *Ada*-Implementierung entwickelt. Sie stammen auch aus einem der Institute, die seit vielen Jahren in Deutschland die Weiterentwicklung der Softwaretechnologie bestimmen und prägen. Wir freuen uns, ihre reiche Erfahrung in diesem Band weitergeben zu können.

München, im Januar 1987   Peter Schnupp

INHALT

Inhalt

1. EINLEITUNG

Ada ist eine Systemprogrammiersprache, geeignet zum Schreiben großer Programmsysteme, die aus vielen getrennt erstellten Moduln bestehen. Ada wurde für Echtzeitanwendungen entworfen, eignet sich aber für beliebige Systemanwendungen vom Betriebssystemkern bis zur Datenbankanwendung. Die Sprache vereinigt in sich Elemente verschiedener Herkunft, vor allem aber der Algol- und Pascal-Schule.

Viele Elemente, z.B. das Paket-Konzept und die Synchronisierung von Prozessen, sind eng verknüpft mit Strategien moderner Programmiermethodik. Diese muß man daher bis zu einem gewissen Grad kennen, wenn man optimalen Gebrauch von der Sprache machen will. Die vorliegende Einführung ist daher eine Mischung aus Programmieranleitung und herkömmlichem Lehrbuch einer Programmiersprache. Ziel des Buches ist es, Programmierer in die Lage zu versetzen, eigenständig Ada-Programme zu entwerfen und zu programmieren, wobei die syntaktischen Feinheiten mit Hilfe des Referenzmanuals oder eines Ada-Übersetzers ausgefüllt werden. Es geht also nicht darum zu wissen, an welchen Stellen ein Strichpunkt gesetzt wird, sondern darum, Methoden zu erlernen, mit denen Problemlösungen in Ada ausgedrückt werden können.

1.1 *Entwicklungsgeschichte*

1975 startet das US Verteidigungsministerium (DoD, *D*epartment *o*f *D*efense) ein Projekt mit dem Ziel, eine Programmiersprache festzuschreiben, die den Bedürfnissen der Anwendungsprogrammierung im Verteidigungsbereich genügt. Wie schon 15 Jahre zuvor bei der Entwicklung von COBOL betätigt sich das DoD als Initiator einer Sprachnormung, der ein großer Einfluß auch auf die Software-Erstellung im zivilen Bereich zugemessen wird. Im Vordergrund steht dabei die Implementierung von Software für "embedded computers" (58% der gesamten Softwareentwicklung des DoD). Solche rechner-integrierten Systeme sind diejenigen, in denen ein Rechnersystem in ein größeres System eingebettet ist. Beispiele hierfür finden sich im militärischen Bereich, wie z.B. bei der Raketensteuerung, wie auch im nicht-militärischen Bereich, z.B. bei der Schiffs- und Flugzeugsteuerung, bei rechner-gesteuerten (Werkzeug-)Maschinen, rechner-überwachten Produktionsabläufen, für Verkehrsüberwachung, Kommunikationssysteme etc.

Anlaß für die Initiative des DoD ist die Feststellung, daß für integrierte Systeme 90% der Kosten bei der Wartung anfallen, während nur 10% des Geldes für Neuentwicklungen ausgegeben werden. Gründe dafür sind nicht nur die Größe dieser Programme (ca. 50000 bis 100000 Zeilen Quellprogramme) und ihre Lebensdauer (etwa 10 bis 25 Jahre), sondern auch die Anzahl der benutzten Programmiersprachen, die für die Implementierung verwendet werden (ca.

450 inklusive inkompatibler Dialekte bei 200 verschiedenen Rechnermodellen).
Somit wird es immer schwieriger, genügend Programmierer mit dem entsprechenden Wissen zu finden, zumal außerdem eine hohe Personalfluktuation besteht. Gelingt es, eine einheitliche Programmiersprache zur Verwendung vorzuschreiben, so reduzieren sich nicht nur die Kosten für Wartung der einzelnen
Systeme, da Personal nicht immer wieder neu geschult werden muß und Programme nicht neu entwickelt werden müssen, da sie dann modifizierbar sind.
Vielmehr lassen sich auf Dauer auch die Kosten für die Programmentwicklung
und -wartung senken, da nur noch für eine Sprache Werkzeuge zur Verfügung
gestellt zu werden brauchen. Diese können dann auch entsprechend besser entwickelt sein. Weiterhin können Programme einfacher von einem System auf
ein anderes übertragen werden, so daß Parallelentwicklungen und Umcodierungen nur noch in geringerem Umfang zu erwarten sind.

In einer Anforderungsanalyse der festzuschreibenden Sprache werden über
100 Anforderungen beschrieben. Neben globalen Kriterien wie

- Allgemeinheit,
- Zuverlässigkeit,
- Wartbarkeit,
- Effizienz,
- Einfachheit,
- Implementierbarkeit,
- Maschinenunabhängigkeit,

sowie der Forderung nach einer vollständigen und eindeutigen formalen Definition enthält der Katalog auch so spezielle Forderungen wie Minimalalphabet,
Festpunktarithmetik, Datenstrukturierung und -typisierung, spezielle Kontrollstrukturen, Prozeduren. Darüber hinaus werden Anforderungen gestellt, die
über die üblichen Möglichkeiten hinausgehen können wie Festschreibung einer
benutzerorientierten Schnittstelle zur Ein-/Ausgabe (EA), Ausnahmebehandlung, Echtzeitkontrolle, Parallelverarbeitung und getrennte Übersetzbarkeit
von Programmeinheiten (mit Typprüfungen über die Grenzen der Übersetzzungseinheiten hinweg).

Nach der Feststellung, daß keine existierende Sprache diese Anforderungen
erfüllt, wird die Entwicklung einer neuen Sprache ausgeschrieben. Nach schrittweisem Ausschluß konkurrierender Ansätze wird schließlich im Mai 1979 die
Sprache GREEN, die unter Führung von J. Ichbiah bei CII entwickelt wurde,
akzeptiert. Sie erhält den Namen Ada (zur Erinnerung an Lady Ada Augusta,
Countess of Lovelace, Tochter von Lord Byron und Mitarbeiterin von Charles
Babbage).

Nach einer vierjährigen Test- und Bewertungsphase wird 1983 eine von der
amerikanischen Standardisierungsbehörde ANSI standardisierte Sprachversion
eingefroren. Das Referenzmanual hierzu ist zum Beispiel als Band 155 der Reihe Lecture Notes in Computer Science des Springer-Verlags erschienen. Es bildet die Grundlage dieses Buches. Das Referenzmanual ist sehr präzise in der

Beschreibung der Sprache und versucht auch kleinste Details festzulegen. Es ist die Grundlage für jede Ada-Implementierung und wird für Sprachfragen zu Hilfe gezogen. Als Primärliteratur zum Erlernen der Sprache ist es nicht zu empfehlen, als Nachschlagewerk zu dieser Einführung ist es jedoch durchaus wichtig.

Die Standardisierung der Sprache Ada verbietet einem Übersetzer, der sich als "Ada-Übersetzer" bezeichnet, Einschränkungen oder Erweiterungen der Sprache einzuführen. Um die Einhaltung dieser Regel überprüfbar zu machen, müssen sich Ada-Übersetzer einer Validierung unterziehen, die unter Kontrolle der AJPO (*Ada Joint Program Office*) durchgeführt wird. Diese Validierung besteht aus der Übersetzung und z.T. Ausführung von ca. 2000 Testprogrammen. Der Satz an Testprogrammen wird ständig überarbeitet, um ein Fehlverhalten von Übersetzern mit hoher Wahrscheinlichkeit aufzudecken. Die Validierung eines Übersetzers muß jedes Jahr wiederholt werden.

1.2 Allgemeine Entwurfsziele

Der Prozeß des Problemlösens mit Hilfe von Rechnern läßt sich grob in die folgenden Phasen einteilen:

- Problemanalyse
- Grobentwurf des Systems
- Feinentwurf der Moduln (Algorithmen-Selektion)
- Implementierung (der Moduln)
- Fehlerelimination (Modultest)
- Gültigkeitsüberprüfung (Integrations- und Systemtest, Leistungsnachweis)
- Wartung, d.h. Fehlerbeseitigung, Anpassung und Weiterentwicklung

Parallel zu diesen Phasen wird außerdem die Dokumentation fortgeschrieben. Für jede dieser Phasen gibt es unterschiedliche Konzepte, Theorien, Heuristiken und Empfehlungen. Ihre Behandlung ist Gegenstand des 'Software Engineering'.

In der Implementierungsphase werden die während des Modulfeinentwurfs spezifizierten Algorithmen in einer Programmiersprache beschrieben (codiert). Höhere Programmiersprachen enthalten deshalb Strukturen, die die Formulierung von Algorithmen in einer der natürlichen Sprache entlehnten Form unterstützen und die bei der Darstellung von Algorithmen häufig Verwendung finden. Zusätzlich enthalten sie Konzepte, die die Lesbarkeit von Programmen erhöhen und damit ihre Eigendokumentation verbessern sowie die Gültigkeitsüberprüfung einzelner Programmteile erleichtern und dadurch bestimmte Arten von Fehlern verhindern.

Die Wahl der Implementierungssprache sollte zwar ohne Einfluß auf die Problemanalyse, den Entwurf und die Aufstellung und Auswahl der einzelnen Algorithmen sein, da man auf dem Weg einer schrittweisen Verfeinerung auch eine Hierarchie von Programmiersprachen durchlaufen kann. Nichtsdestoweniger sollte die gewählte Programmiersprache Entscheidungen, die in der Entwurfsphase getroffen werden, unterstützen. Konzepte wie Unterprogramme (bei gemeinsamen Teilaufgaben), Möglichkeit der Rekursion (bei gleichartigen Unteraufgaben) und Formulierbarkeit abstrakter Datenstrukturen verkürzen den Entwurfsprozeß und helfen somit, Fehler zu vermeiden.

Weitere Forderungen an eine Programmiersprache beziehen sich bei Fragen der Softwareentwicklung und -wartung auf einfache Syntax, klare und verständliche Semantik und laufzeit- und speicherplatzeffiziente Darstellungsmöglichkeiten der angebotenen Konzepte sowie auf Maschinenunabhängigkeit aus Gründen der Übertragbarkeit auf existierende und zukünftige Hardware.

Diese Forderungen werden von Ada weitgehend erfüllt. Dabei wird besonders Wert gelegt auf die Lesbarkeit von Programmen (selbst auf Kosten eines höheren Schreibaufwandes), umfangreiche Überprüfbarkeit durch den Übersetzer, Möglichkeiten für die getrennte Entwicklung und separate Übersetzung von Programmteilen und ihre Mehrfach- und Wiederverwendung. Ada enthält ebenso Konzepte zur Datenabstraktion und zur Verwirklichung des Geheimnisprinzips (information hiding).

Trotz der vorgegebenen Anwendungsbreite hat man versucht, durch konsistente und systematische Integration einiger weniger Konzepte die Sprache relativ klein zu halten. Aus Gründen der effizienten Implementierbarkeit schränkt Ada jedoch die beliebige Kombinierbarkeit von Programmierkonzepten ein. Dies geschieht durch eine Vielzahl oft komplizierter Regeln, die jedoch größtenteils für den Programmierer verborgen bleiben können und auch sollten. Zur Einhaltung dieser Regeln bedarf es der Entwicklung von Übersetzern, die dem Programmierer nicht nur die Verletzungen einer für ihn oft uneinsichtigen Regel diagnostizieren, sondern vielmehr die Möglichkeiten zu deren Korrektur aufzeigen.

Um den Aufbau eines Ada-Programms zu verstehen, kann man entweder, so wie dies in Kapitel 2 grob skizziert wird, das Programm schrittweise in einzelne Teile zerlegen und jeden dieser Teile für sich wiederum so behandeln (Vorgehensweise "top down", "von oben nach unten"). Diese Methode eignet sich besonders, um den prinzipiellen Aufbau eines Programmes und die Möglichkeiten der Programmiersprache zu beschreiben. Das umgekehrte Vorgehen ("bottom up", "von unten nach oben") bietet die Möglichkeit, ein System unter Wiederverwendung bereits existierender Programmbausteine zu konstruieren. Das Vorgehen in der Praxis ist fast immer eine Kombination beider Vorgehensweisen. Ada unterstützt dies durch geeignete Strukturierungshilfsmittel auf der Ebene der Programmbausteine.

1.3 Programmierumgebung

Im Laufe der Entwicklung von Ada wurde klar, daß die Probleme bezüglich

- der Kostenreduzierung während der Lebensdauer eines Programms
- der Gewährleistung einer hohen Programmzuverlässigkeit
- der Entwicklung portabler Software und portabler Werkzeuge für die Software-Entwicklung

nicht allein durch die Verwendung einer standardisierten Sprache gelöst werden können, sondern daß ebenso eine standardisierte Programmierumgebung geschaffen werden muß. Deshalb wurde analog zum Vorgehen bei der Sprachdefinition an der Spezifikation von Anforderungen für eine Ada-Programmierumgebung gearbeitet.

Eine wesentliche Komponente der Programmierumgebung ist der Ada-Übersetzer, auf dessen Entwicklung sich natürlich die ersten Anstrengungen konzentrieren. Ein validierter Übersetzer ist jedoch nur der notwendigste Teil einer Programmierumgebung. Man unterteilt sie in mehrere ineinandergeschachtelte Gruppen:

- die Kernumgebung KAPSE (*K*ernel *A*da *P*rogramming *S*upport *E*nvironment)
- die Minimalumgebung MAPSE (*M*inimal *A*da *P*rogramming *S*upport *E*nvironment)
- die Ada-Umgebung APSE (*A*da *P*rogramming *S*upport *E*nvironment)

Dabei wird von einem Ansatz ausgegangen, der einen Hauptrechner mit der notwendigen Ausstattung an Kapazität und Peripherie für die Entwicklung von Software vorsieht, die auf einer oder mehreren Zielmaschinen zur Ausführung kommen soll. Natürlich können Haupt- und Zielrechner dieselbe physische Maschine sein.

Die Tatsache, daß Ada eine maschinenunabhängige Sprache ist, genügt noch nicht, um die Übertragbarkeit von Werkzeugen zu garantieren, da die Sprachdefinition nichts aussagt über Schnittstellen zwischen den einzelnen Werkzeugen, zu dem Hauptrechner und dessen Betriebssystem sowie darüber, wie Programme in der Umgebung dargestellt und aufbewahrt werden.

Die KAPSE soll alle maschinenabhängigen Teile der Programmierumgebung enthalten, z.B. die EA-Möglichkeiten. Ferner enthält sie eine Datenbank, die für alle Projekte die projektspezifischen Informationen während der gesamten Lebensdauer des einzelnen Projekts aufbewahrt (Projektbibliothek), z.B. den Quelltext einzelner Programmeinheiten, verschiedene Versionen, die Zwischenform nach der Analyse, bindbaren Code für verschiedene Zielrechner, Testprogramme und Dokumentation.

Die MAPSE soll alle Werkzeuge enthalten, die zur Programmentwicklung unbedingt notwendig sind. Neben dem Übersetzer, der die syntaktische und semantische Analyse der Ada-Quellprogramme durchführt, sie eventuell optimiert und Code für die Zielmaschine erstellt, enthält sie einen Kommando-Interpretierer, der es ermöglicht, Projekte zu selektieren und Programme aus der Projektbibliothek oder aus der Programmierumgebung zu starten. Dazu gehören in der MAPSE u.a. ein Editor, ein Formatierer, Überwachungsprogramme, die z.B. die Ablaufverfolgung und Unterbrechung von Programmen zu Testzwecken übernehmen, sowie die Verwaltung der Projektbibliothek.

Die Programmierwerkzeuge einer APSE sind nicht näher spezifiziert. Da das gesamte Konzept so angelegt ist, daß die Programmierumgebung offen ist, also jederzeit weitere Werkzeuge eingefügt werden können, ist das gesamte System nicht fixiert. Denkbar sind hier Spezifikations- und Verifikationssysteme, Unterstützung der Projektdurchführung und Dokumentation, etc.

Viele Anforderungen an eine Programmierumgebung sind (sowohl speziell für Ada als auch sprachunabhängig) noch nicht hinreichend untersucht und noch Gegenstand wissenschaftlicher Diskussion. Die hier für eine Ada-Programmierumgebung skizzierten Anforderungen sind Vorstellungen, für deren vollständige Realisierung noch keine genauen Zeitvorstellungen existieren.

2. SPRACHÜBERBLICK

Wir unterscheiden zwei Ebenen der Programmiersprache Ada, das *Programmieren-im-Großen* und das *Programmieren-im-Kleinen*. Das Programmieren-im-Großen beschäftigt sich mit der Zerlegung eines Problems in Teilprobleme und deren Zuordnung zu Programmkomponenten (der Modularisierung) und reflektiert daher die Phase des Grobentwurfs. Das Programmieren-im-Kleinen beschäftigt sich mit Datenstrukturen und Algorithmen zur Realisierung der Komponenten. Beide Ebenen sind in der Sprache ausdrückbar. Die Grundelemente des Programmierens-im-Großen sind *Moduln* und ihre Zusammenhänge, welche in Ada als Programmeinheiten, die getrennt übersetzt werden können, geschrieben werden. Die Elemente des Programmierens-im-Kleinen sind Vereinbarungen und Anweisungen, die ihrerseits jedoch auch wieder Programmeinheiten enthalten können. Interessant ist, daß Programmeinheiten auf beiden Ebenen eingesetzt werden können, so daß der Programmierer nur ein Sprachkonzept erlernen muß.

2.1 Programmeinheiten

Eine *Programmeinheit* ist entweder

- ein *Unterprogramm*, d.i. die Realisierung einer Operation oder eines Algorithmus,
- ein *Paket*, d.i. die Zusammenfassung von funktionell zusammengehörigen Daten und Operationen (z.B. die Realisierung eines abstrakten Datentyps),
- ein *Prozeß*, der parallel zu anderen Prozessen ausgeführt wird, oder
- eine *generische Einheit*, die als Schablone für Unterprogramme oder Pakete benutzt wird.

Jede Programmeinheit selbst besteht im allgemeinen wieder aus zwei Teilen, der *Vereinbarung* (d.i. die für andere Einheiten zum Gebrauch notwendige und somit sichtbare Information) und dem *Rumpf* (d.i. die Realisierung der Programmeinheit, die anderen Einheiten i.a. nicht zugänglich ist). Wird eine Programmeinheit als Modul, d.h. als Komponente des Programmierens-im-Großen benutzt, so nennen wir die Vereinbarung auch *Schnittstelle*, und den Rumpf auch *Implementierung* des Moduls. Schnittstelle und zugehörige Implementierung brauchen konsequenterweise auch nicht zusammen aufgeführt oder übersetzt werden.

Ein Ada-Programm besteht aus einer oder mehreren *Übersetzungseinheiten*. Eine Übersetzungseinheit ist entweder die Schnittstelle oder die Implementierung eines Moduls. Übersetzungseinheiten eines oder mehrerer Programme werden in einer (Projekt-)*Bibliothek* verwaltet.

Ada ist eine zustandsorientierte Sprache. Der *Zustand* einer Programmeinheit leitet sich aus den Zuständen der zu der Einheit gehörenden Größen ab. Der Zustand des gesamten Programms ergibt sich dann rekursiv aus den Zuständen der einzelnen Einheiten. Die Klassifizierung in zustandsabhängige, zustandsunabhängige und zustandsfreie Programmeinheiten ist sinnvoll, wird jedoch von Ada nur teilweise unterstützt.

Der Rumpf einer Programmeinheit besteht gewöhnlich aus einem *Vereinbarungsteil*, der die in dieser Einheit lokal verwendeten Größen definiert, und einem *Anweisungsteil*, der die Ausführung dieser Einheit festlegt, welche zu einer Änderung des Programmzustands führen kann.

Im Vereinbarungsteil werden *Namen* unter Angabe ihrer Verwendungsart in der Programmeinheit definiert. Sie können z.B. Typen, Objekte, Ausnahmen sowie lokal vereinbarte Programmeinheiten bezeichnen.

Jedes *Objekt* ist von einem bestimmten *Typ*, der die Menge seiner zulässigen Werte und die darauf anwendbaren Operationen festlegt. Neben den in der Sprache vordefinierten Typen (z.B. INTEGER, BOOLEAN) und Typ-Konstruktoren (z.B. Reihungen und Verbunde) erlaubt das Paketkonzept die Definition beliebiger abstrakter Datentypen, die dann ebenso wie die vordefinierten Typen verwendbar sind. Auch hier zeigt sich also wieder die Orthogonalität zwischen Programmieren im Kleinen und im Großen.

Innerhalb des Anweisungsteils können Zuweisungen, If-Anweisungen, Case-Anweisungen, Schleifenanweisungen, Goto-Anweisungen und Unterprogrammaufrufe auftreten. Weiterhin gibt es Anweisungen, die zur Prozeßsynchronisation verwendet werden können. Eine Folge von Anweisungen wird sequentiell ausgeführt, es sei denn, es erfolgt ein Sprung oder es tritt eine Ausnahmesituation ein. *Ausnahmen* können entweder explizit durch Ausführung einer speziellen Anweisung ausgelöst werden oder implizit auftreten, falls z.B. ein arithmetischer Überlauf oder eine unzulässige Indizierung einer Reihung vorkommt.

Die Sprache bietet weiterhin die Möglichkeit, die *Maschinen-Darstellung* von Datentypen und andere Aspekte der Zielmaschine zu spezifizieren. Man kann zum Beispiel angeben, wieviel bit die Darstellung einer Größe belegen soll.

Generische Programmeinheiten erlauben es, Unterprogramme und Pakete zu parametrisieren und als Parameter Typen und Unterprogramme anzugeben. Damit kann man Algorithmen für eine ganze Klasse von Typen formulieren; z.B. kann man dieselbe Implementierung eines Sortierverfahrens benutzen, um Zahlen und Texte zu ordnen.

Ein wesentlicher Aspekt der Verwendung getrennt übersetzbarer Einheiten ergibt sich daraus, daß mit ihrer Hilfe viele Konzepte, z.B. die Ein-/Ausgabe oder die Grundelemente der Simulation, in die Sprache eingebracht werden können, die in anderen Sprachen Erweiterungen des Sprachkerns erfordern. Dies kann in Form von Standardpaketen geschehen, die für jede

Sprachimplementierung vorgegeben sind. Man kann aber auch implementierungs- oder projektspezifische Pakete zufügen.

2.2 Ein erstes Beispiel

Wir beschäftigen uns in diesem Kapitel zunächst nur mit Unterprogrammen sowie mit einigen Eigenschaften des in der Sprache vordefinierten Pakets TEXT_IO.

Unterprogramme sind *Prozeduren* oder *Funktionen*. Beide können *Parameter* haben. Die Ausführung einer Prozedur bewirkt in der Regel eine Änderung des Programmzustands. Eine Funktion liefert ein Ergebnis und kann daher in Formeln verwendet werden. Eine Funktion sollte keine Seiteneffekte haben, d.h. sie soll den Zustand unverändert lassen.

Irgendeine Prozedur, die auch Übersetzungseinheit ist, kann in Ada als *Hauptprogramm* verwendet werden. Hauptprogramme sind also nicht speziell ausgezeichnet. Eine Prozedur wird dadurch zum Hauptprogramm, daß man dem Übersetzer, Binder und ggf. dem Betriebssystem sagt, sie mögen eine bestimmte Prozedur mit allen dort erwähnten Programmeinheiten zusammenbinden und starten.

Ein erstes Beispiel eines Hauptprogramms ist hier das Programm KOPIERE:

```
with TEXT_IO;
procedure KOPIERE (F1, F2 : in TEXT_IO.FILE_TYPE) is
-- Eingabe:    die geöffneten Text-Dateien F1 und F2,
--             F1 kann gelesen werden, F2 kann beschrieben werden.
-- Ergebnis:   der Text aus F1 ist von der aktuellen Position von F1
--             bis zum Dateiende auf die Datei F2 kopiert,
--             wobei Zeilenwechsel unterschlagen werden.
--             Die aktuellen Positionen von F1 und F2 sind
--             am Dateiende.
   C : CHARACTER;
begin
   while not TEXT_IO.END_OF_FILE (F1) loop
     TEXT_IO.GET (F1, C);
     TEXT_IO.PUT (F2, C);
   end loop;
end KOPIERE;
```

Das Programm besteht aus dem Modul KOPIERE, der das Hauptprogramm bildet, und dem Modul TEXT_IO, der im Hauptprogramm benutzt wird.

Die Zeile

with TEXT_IO;

die dem Programm vorangestellt ist, ist eine *Kontextklausel*, die aussagt, welche Moduln aus der Bibliothek in dieser Übersetzungseinheit verwendet werden. Man sagt, daß die Einheit KOPIERE die Einheit TEXT_IO *importiert.* Solche Kontextklauseln können nur am Anfang von Übersetzungseinheiten stehen. In unserem Fall sagt die Kontextklausel, daß wir das Paket für Text-EA benutzen. Gewöhnlich müssen wir auf lokale Namen aus Bibliotheksmoduln mit einer *selektierten Komponente*

Modulname.lokaler Name

zugreifen. In unserem Fall schreiben wir daher TEXT_IO.END_OF_FILE, TEXT_IO.GET, usw.

Der Modul KOPIERE hat eine sehr einfache Schnittstelle; er stellt eine Prozedur zur Verfügung, die zwei Parameter hat. Die Parameter sind vom Typ TEXT_IO.FILE_TYPE, was in der Schnittstelle angegeben werden muß.

Ada ist eine sogenannte typgebundene Sprache, in der alle Bezeichner explizit vereinbart werden müssen. Unter Typbindung (strong typing) versteht man, daß für alle Bezeichner durch die Vereinbarung genau definiert ist, in welcher Weise sie benutzt werden dürfen. Für Datenobjekte wird insbesondere streng unterschieden, welchen Typ die Werte des Objekts haben und ob es sich um Variable, Konstante oder Parameter handelt. Der Typ eines Objekts legt die Operationen fest, die wir mit den Objektwerten ausführen können und charakterisiert den Wertebereich, aus dem der Wert des Objekts stammen kann. Bei Parametern von Unterprogrammen unterscheidet man zusätzlich die Parametermodi **in** und **out**, die anzeigen, ob der Parameter als Eingabe- oder als Ergebnisparameter (oder beides) dient.

Im Unterschied zu vielen älteren Programmiersprachen schreibt Ada vor, daß der Übersetzer für einen Unterprogrammaufruf nicht nur den Unterprogrammnamen zuordnen muß, sondern daß er auch die Anzahl und Eigenschaften der Argumente auf Verträglichkeit mit den formalen Unterprogrammparameter überprüfen muß. Wenn also jemand für einen out-Parameter als Argument eine Konstante oder ein Objekt falschen Typs angibt, so wird der Fehler bereits während der Übersetzung bemerkt. Dies gilt sogar bei der Zuordnung getrennt übersetzter Unterprogramme.

Die Implementierung des Moduls KOPIERE besteht aus Vereinbarungsteil und Anweisungsteil. Hierin werden die Datenstrukturen und Algorithmen zur Implementierung des Moduls beschrieben.

2.3 Der Vereinbarungsteil

Ada ist eine blockstrukturierte Sprache. Unter einem *Block* verstehen wir dabei eine Anweisung folgender Gestalt:

declare
  Vereinbarungsteil
begin
  Anweisungsteil
end;

Unserem Beispiel entnehmen wir, daß dies - mit Ausnahme des einleitenden reservierten Worts **declare**, welches bei Unterprogrammen durch das reservierte Wort **is** ersetzt ist - auch die Form eines Unterprogrammrumpfs ist. Die nachfolgenden Ausführungen für Blöcke gelten auch für Rümpfe von Unterprogrammen, Paketen und Prozessen.

Der Vereinbarungsteil eines Blocks definiert lokale Größen des Blocks. Solche Größen können zunächst sein: Objekte, Typen, Ausnahmen oder weitere Programmeinheiten. Auf (Daten-)Typen gehen wir in Kapitel 7 weiter ein.

Die Angabe der Schnittstelle des Moduls KOPIERE ist eine Unterprogrammvereinbarung. Diese Vereinbarungen werden in Kapitel 5 besprochen.

Objektvereinbarungen haben die Form

Bezeichnerliste : Eigenschaften;

Sie führen für jeden angegebenen Bezeichner ein neues Objekt mit den angegebenen Eigenschaften ein.

Im einfachsten Fall geben wir nur den Typ als Eigenschaft an und haben damit eine *Variable* vereinbart. In unserem Beispielprogramm ist C eine solche Variable vom Typ CHARACTER.

Falls eine *Initialisierungsformel* als weitere Eigenschaft angegeben ist, z.B.

C : CHARACTER := 'c';

werden alle Objekte mit deren Wert vorbesetzt, wobei die Formel für jedes Objekt neu ausgerechnet wird. Fehlt die Initialisierung - das ist im allgemeinen nur bei Variablen sinnvoll - so darf man nicht mit einer automatischen Initialisierung durch den Übersetzer rechnen!

Bei Objekten, deren Wert nur einmal berechnet werden soll und dann konstant bleibt, schreibt man vor die Typangabe das reservierte Wort **constant**, also z.B.

ANFANGSZEIT : **constant** TIME := CLOCK;

Der Wert solcher *Konstanten* muß immer sofort durch eine Formel angegeben werden. Die Eigenschaft **constant** sollte der Programmierer angeben, wenn immer das möglich ist. Er unterstützt damit nicht nur die etwaigen Optimierungsbemühungen des Übersetzers, sondern erhöht auch den Dokumentationswert seines Programms für sich und spätere Wartungsarbeiten.

Für häufig gebrauchte numerische Konstanten kann man auch eine sogenannte *Zahlvereinbarung* schreiben, bei der die Typangabe weggelassen wird:

```
PI  : constant := 3.141_592_653_6;
PI2 : constant := PI * PI;
```

Der Wert solcher Zahlkonstanten muß stets zur Übersetzungszeit ausrechenbar sein. Funktionsaufrufe dürfen daher in den Formeln nicht vorkommen.

Wir hatten eingangs gesagt, daß die Vereinbarungen lokal zu dem jeweiligen Block bzw. Rumpf seien. Darunter versteht man, daß sich der *Gültigkeitsbereich* (scope) der definierten Bezeichner nur auf den Block bzw. Rumpf erstreckt, in dem die Definitionen stehen. Außerhalb dieser Programmeinheit, z.B. in einer umgebenden Einheit, kann der Bezeichner mit anderer Bedeutung verwendet werden. Umgekehrt erstreckt sich die *Sichtbarkeit* eines Bezeichners nicht auf den Sichtbarkeitsbereich eines gleichen Bezeichners, der in einem inneren Block neu definiert wird. Wir haben damit das für block-strukturierte Sprachen typische Bild:

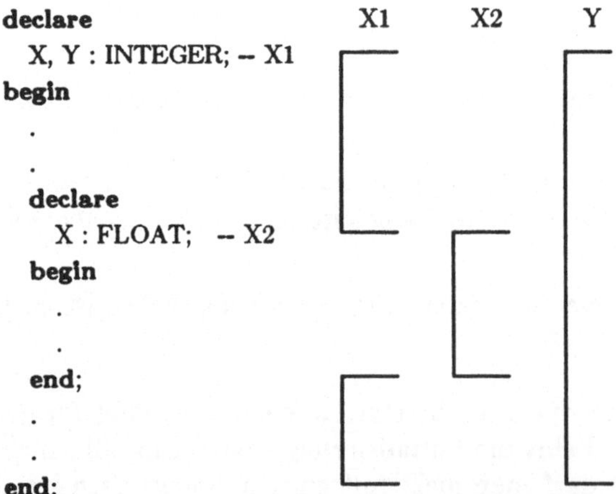

Man beachte dabei, daß in Ada der Gültigkeitsbereich eines Bezeichners immer erst nach seiner Vereinbarung beginnt. Bezüglich der Reihenfolge des Aufschreibens gilt also die Regel:

Jeder Bezeichner muß vor seiner ersten Benutzung vereinbart sein.

Die einzige Ausnahme dieser Regel machen naturgemäß Marken, die das Ziel von Goto-Anweisungen bilden (vgl. Kapitel 5).

Die Abbildung zeigt noch einen anderen Effekt: Bei Beginn eines inneren Blocks werden die im äußeren Block definierten Größen nicht automatisch unsichtbar, sondern nur, wenn sie innen durch neue Vereinbarungen verdeckt sind. Wir sagen daher, daß die Größe X1 im inneren Block *global* sei. Bei einem gewöhnlichen Programmaufbau, bei dem wir die sämtlichen benötigten Unterprogramme im Vereinbarungsteil des Hauptprogramms definieren, z.B.:

```
procedure HAUPTPROGRAMM is
   -- Vereinbarungsteil des Hauptprogramms
   I : INTEGER;
   procedure P1 (...) is
      Vereinbarungsteil von P1
   begin
      Anweisungen von P1
   end P1;
   procedure P2 (...) is
      Rumpf von p2
   end P2;

   ...

begin
   Anweisungen des Hauptprogramms
end HAUPTPROGRAMM;
```

haben wir daher die Situation, daß die Variable I nicht nur im Hauptprogramm, sondern auch in allen Prozeduren zugänglich ist. Diese Möglichkeit der Verwendung globaler Größen ersetzt einen Teil des Gebrauchs von COMMON-Zonen in FORTRAN. Sie hat andererseits den Nachteil, daß jetzt der Programmierer entweder aus Fahrlässigkeit oder sogar vorsätzlich - angeblich um Speicher zu sparen - Variable, die eigentlich lokal in einer Prozedur erklärt sein sollten, durch den Gebrauch globaler Variablen ersetzt. Diese Maßnahme ist jedoch extrem änderungsfreundlich und daher unter allen Umständen zu unterlassen.

In Assemblersprachen oder in FORTRAN kann der Programmierer meist damit rechnen, daß ihm die Werte aller lokalen Variablen von einem Aufruf eines Unterprogramms zum nächsten erhalten bleiben: Der Gültigkeitsbereich der Variablen beginnt spätestens beim ersten Aufruf und endigt mit dem Programmende. Schon in FORTRAN ist diese Aussage jedoch nicht ganz in Übereinstimmung mit der Sprachnorm. In Ada beginnt der Gültigkeitsbereich eines lokalen Objekts, gleichgültig, ob Konstante oder Variable, stets mit der Vereinbarung und endigt mit dem Ende des zugehörigen Blocks. Bei jedem neuen Aufruf eines Unterprogramms müssen also die lokalen Variablen neu angelegt werden. Man kann auch nicht davon ausgehen, daß sie auf den gleichen Speicherplätzen zu liegen kommen wie beim vorhergehenden Aufruf.

2.4 Der Anweisungsteil

Der Anweisungsteil eines Unterprogramms enthält nacheinander die Anweisungen, die beim Aufruf des Unterprogramms ausgeführt werden sollen. Wir gehen auf verschiedene Arten von Anweisungen in Kapitel 5 näher ein. In unserem Beispiel haben wir eine Schleife als Anweisung. Diese Anweisung ist zusammengesetzt, d.h. sie enthält geschachtelt weitere Anweisungen. Durch das Benutzen von Blöcken als Anweisungen können auch in Anweisungen lokal weitere Vereinbarungen und Anweisungen stehen. Damit kann insbesondere das Lokalitätsprinzip befriedigt werden, d.i. die Forderung, Daten so lokal wie möglich zu vereinbaren, um fälschliche Nutzung auszuschließen. Mit Hilfe der Gültigkeitsbereichsüberprüfung kann der Übersetzer gewährleisten, daß Daten nur lokal benutzt werden.

Der Anweisungsteil hat die Aufgabe, die Algorithmen auf den vereinbarten Datenstrukturen zu implementieren. Ziel dieser Implementierung muß es sein, den Algorithmus korrekt, lesbar (d.h. änderungsfreundlich) und effizient (in dieser Reihenfolge) wiederzugeben. Hierauf ist im Entwurf von Ada besonders geachtet worden, was sich auch in der Programmrepräsentation niederschlägt.

2.5 Programmrepräsentation

Wir schildern hier nur die wichtigsten Eigenschaften der Programmrepräsentation; eine vollständige Liste der lexikalischen und syntaktischen Form befindet sich im Anhang A. Die Syntax wird außerdem in den einzelnen Kapiteln wieder kurz aufgezeigt.

Ada-Programme lassen sich mit einem Zeichensatz, bestehend aus den Großbuchstaben, den Ziffern und den Sonderzeichen " # & ' ( ) * + , - . / : ; < = > _ | sowie dem Leerzeichen darstellen. Darüber hinaus sind Kleinbuchstaben erlaubt und (außer in Zeichenketten) äquivalent zu Großbuchstaben. Weiter darf der Programmtext Zeilenwechsel, Tabulatoren, etc. enthalten. In Zeichenketten dürfen die weiteren Sonderzeichen ! $ % ? @ [\ ] ^ ` { } ~ auftreten.

Ada-Programme werden formatfrei geschrieben. Die einzelnen lexikalischen Einheiten, d.h. Bezeichner, reservierte Wörter, Literale, Sonderzeichen und Kommentare werden fortlaufend geschrieben, soweit erforderlich getrennt durch Leerzeichen. Ein Zeilenwechsel trennt lexikalische Einheiten und beendet insbesondere Kommentare. Für die Bedeutung eines Programms sind diese zusätzlichen Leerzeichen und Zeilenwechsel zwischen den lexikalischen Einheiten ohne Belang. Jedoch läßt sich die Lesbarkeit eines Programms erheblich steigern, wenn man die lexikalischen Einheiten so anordnet, daß der Programmtext auch die Programmstruktur widerspiegelt. Die Formatierung eines Programms unterstützt die Selbstdokumentation des Programmtexts. Das Sprachmanual gibt durch die Formatierung der Syntax gewisse Richtlinien für die Formatierung von Programmen, die wir auch in dieser Einführung einhalten wollen.

Die *lexikalischen Einheiten* lassen sich unterteilen in

- Bezeichner und reservierte Wörter
- Zahlen (numerische Literale)
- Zeichen- und Zeichenkettenliterale
- Trennsymbole (Sonderzeichen, Operatoren)
- Kommentare

Bezeichner dienen als Namen für Größen, d.h. für Variable und Konstante, für Typen, Programmeinheiten usw. Ein Bezeichner kann einzelne Unterstriche enthalten, mit denen man die Lesbarkeit der Namen erhöht. Alle Zeichen (auch die Unterstriche) eines Bezeichners werden zu seiner Identifikation herangezogen. Daher sind die folgenden Bezeichner voneinander verschieden:

EINRELATIVLANGERUNDBEISPIELHAFTERBEZEICHNER
EIN_RELATIV_LANGER_UND_BEISPIELHAFTER_BEZEICHNER
EIN_RELATIV_LANGER_UND_BEISPIELHAFTER_NAME

Bestimmte Bezeichner sind *reservierte Wörter*. Ihre Bedeutung und Verwendung ist innerhalb der Sprache fest vorgegeben und kann nicht geändert werden. Beispiele für reservierte Wörter sind **exception, procedure, terminate**. Die vollständige Liste der reservierten Wörter befindet sich im Anhang B. In dieser Einführung werden zur besseren Lesbarkeit der Beispiele die reservierten Wörter ausschließlich klein und fett, alle anderen Bezeichner groß geschrieben.

Ada kennt ganze und reelle *Zahlen*. Ihre Darstellung unterscheidet sich durch die Verwendung des Dezimalpunktes. Mit *basisbezogenen Literalen* können Zahlen zu einer beliebigen Basis zwischen 2 und 16 geschrieben werden. Beispiele für die Schreibweise der ganzen Zahl 1024 sind

    1024
    001_024E0
    16#400#   Basis 16
    2#10#E9   Basis 2

aber nicht

    10240E-1   -- negativer Exponent
    1024.0   -- Dezimalpunkt

Beispiele für die Schreibweise der reellen Zahl 0.5 sind

    0.5
    5.0E-1
    2#0.1#
    2#1.0#E-1

aber nicht

.5   — vor und nach dem Dezimalpunkt muß je mindestens eine Ziffer stehen.

5E-1   — kein Dezimalpunkt

Ein *Zeichenliteral* (kurz Zeichen) ist ein Element des erweiterten Zeichensatzes. Es wird dargestellt, indem man es in Apostroph (') einschließt. Beispiele sind

    'a'   — a
    ''''   — Apostroph
    ' '   — Leerzeichen

Ein *Zeichenkettenliteral* (kurz Zeichenketten) ist eine (eventuell leere) Folge von Zeichen oder ISO-Steuerzeichen. Sie wird durch Anführungszeichen (") begrenzt. Beispiele sind

    ""   — leere Zeichenkette
    " "   — Zeichenkette mit einem Leerzeichen
    "'"   — Zeichenkette mit einem Apostroph
    """"   — Zeichenkette mit einem Anführungszeichen
    "abc"   — Zeichenkette bestehend aus drei Buchstaben

Die Verdopplung des Anführungszeichens innerhalb von Zeichenketten dient der Unterscheidung des Zeichens von der Endekennung.

Neben Bezeichnern und Literalen gibt es eine Reihe von *Sonderzeichen*, die selbst lexikalische Einheiten sind.

Operatorsymbole
    &   — Konkatenation
    *   — Multiplikation
    +   — Addition und unäres Plus
    -       — Subtraktion und unäres Minus
    /   — Division
    <   — kleiner als
    =   — gleich
    >   — größer als
    **   — Exponentiation
    /=   — ungleich
    >=   — größer-gleich
    <=   — kleiner-gleich

Trennsymbole
    ( ) ' , . : ; |
    := => .. <> << >>

Ihre Bedeutung wird später erläutert.

Ein *Kommentar* wird in Ada durch -- eingeleitet und durch einen Zeilen-wechsel beendet. Es ist also nicht möglich, einen Kommentar zwischen zwei lexikalischen Einheiten in dieselbe Zeile zu schreiben. Beispiel:

```
-- dieser Kommentar erstreckt sich logisch über zwei
-- Zeilen. Jede Kommentarzeile ist eine lexikalische Einheit.
```

Um die Lesbarkeit von Ada-Programmen zu erhöhen, ist die textuelle Struktur für viele Sprachelemente gleichartig aufgebaut. Die meisten Sprachelemente, die sich über mehrere Zeilen erstrecken, besitzen eine einfache Klammerung:

```
case      end case
if        end if
loop      end loop
record    end record
select    end select
```

Ferner lassen sich Sprachelemente benennen und unter Beifügung des Namens klammern:

```
function F        end F;
procedure P       end P;
package P         end P;
package body P    end P;
task T            end T;
B : declare       end B;
B : begin         end B;
L : loop          end loop L;
```

Funktionell ähnliche Sprachelemente haben das gleiche Aussehen:

```
Case-Anweisung          Verbundtypdefinition      Select-Anweisung
                        record

                          ...

case ... is             case ... is               select
  when ... =>             when ... =>               when ... =>
  ...                     ...                       ...
  when others =>          when others =>            or when ... =>
  ...                     ...                       ...
end case;               end case;                 end select;
                        end record;
```

3. PROGRAMMENTWICKLUNG UND GETRENNTE ÜBERSETZUNG

Die Implementierung eines Softwaresystems geschieht im allgemeinen nicht in einem Schritt. Schon im Grobentwurf eines Systems werden Teilprobleme und -aufgaben herausgearbeitet und ihre Interaktionen festgelegt. Im Feinentwurf werden dann nur noch diese einzelnen Teile betrachtet und (algorithmische) Lösungen beschrieben, die während der Implementierungsphase in die Programmiersprache umgesetzt (codiert) werden. Erst nach erfolgreichem Test der einzelnen Komponenten wird im Integrationstest das Zusammenspiel der einzelnen Teile überprüft.

Nur selten werden die einzelnen Teilprobleme von einem Programmierer allein bearbeitet. Da die einzelnen, nach logischen und strukturellen Gesichtspunkten aufgestellten Teilprobleme im allgemeinen unterschiedliche Entwicklungszeiten erfordern, hat das gesamte Projekt während des Feinentwurfs und in der Implementierungsphase folgenden Zustand:

- die Aufgaben und Schnittstellen aller Teile sind spezifiziert, d.h. es ist bekannt, welche Daten von den einzelnen Programmteilen benötigt bzw. zur Verfügung gestellt werden.
- für einige ist eine Lösung bereits erarbeitet.
- ein Teil davon wurde bereits programmiert.

Um diesen Entwicklungsprozeß zu unterstützen und die Integration der einzelnen Programmteile zu erleichtern, bietet Ada die Möglichkeit, Programmteile getrennt zu übersetzen. Diese Programmteile, in Ada *Übersetzungseinheiten* genannt, ermöglichen

- die Aufteilung eines Systems in überschaubare Einheiten
- die Vereinfachung der Programmentwicklung
- die Wiederverwendbarkeit von Programmteilen
- die Arbeitsteilung innerhalb des Projektteams
- das Verbergen von Implementierungsdetails
- die Reduktion der gesamten Übersetzungskosten.

Bei einer Änderung einer Übersetzungseinheit müssen eben nur diese Einheit und eventuell von ihr abhängige Einheiten neu übersetzt werden und nicht mehr das gesamte Projekt (wie z.B. in Pascal). Dies bedeutet für ein Projekt, das z.B. aus mehreren hundert Übersetzungseinheiten besteht, eine wesentliche Kostenreduktion. Allerdings fällt bei der getrennten Übersetzung ein erhöhter Aufwand für die Verwaltung der bereits übersetzten Programmteile an. Diese Verwaltung wird von einer Projektbibliothek übernommen. Übersetzungseinheiten können dabei eigenständige Einheiten, sogenannte *Bibliothekseinheiten*, oder *Untereinheiten* anderer Übersetzungseinheiten sein. Die Projektbibliothek verwaltet ähnlich wie eine Datenbank alle Informationen, die für nachfolgende Übersetzungen von Bedeutung sein können.

Dies sind z.B.

- Charakterisierung einer Übersetzungseinheit
- Abhängigkeiten zwischen Übersetzungseinheiten
- Nach außen sichtbare Größen einer Übersetzungseinheit
- Untereinheiten einer Übersetzungseinheit

Das Bibliothekskonzept findet nicht nur innerhalb eines einzelnen Projektes Verwendung, sondern läßt auch Bibliotheken zu, in denen Programm(paket)e verwaltet werden, die von jedem Projekt benutzt werden können, z.B. Bibliotheken mit mathematischen oder statistischen Funktionen. Ada läßt diese Fragen der Organisation von Bibliothekssystemen offen. Werkzeuge zum Einrichten, Inspizieren und Bearbeiten von Bibliotheken sind jedoch ein wesentlicher Bestandteil jeder Programmierumgebung für Ada.

Ada ermöglicht verschiedene Entwicklungskonzepte für ein Projekt. Die Anordnung in den nachfolgenden Diagrammen spiegelt die Entwicklung wider, die Pfeile geben die Abhängigkeiten der einzelnen Programmteile untereinander an (A → B bedeutet, daß B die Einheit A benutzt, importiert und voraussetzt).

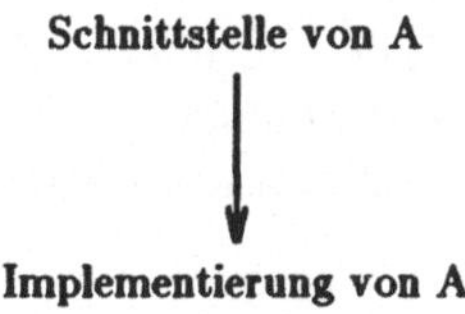

Die verschiedenen Methoden der Programmentwicklung spiegeln sich in den folgenden Diagrammen. Die Top-Down-Entwicklungsmethode (Zerlegung eines Problems in Teilprobleme, schrittweise Verfeinerung) zeigt das erste Diagramm. Die Notation A.B soll hier anzeigen, daß B eine Untereinheit von A ist.

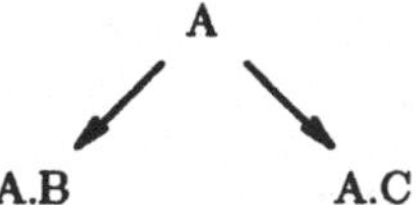

Die Bottom-Up-Entwicklung baut auf vorhandenen (Teil)lösungen auf

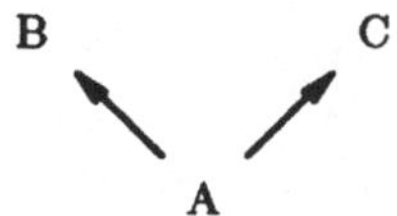

Ferner sind beliebige Mischformen dieser Entwicklungsmethoden denkbar

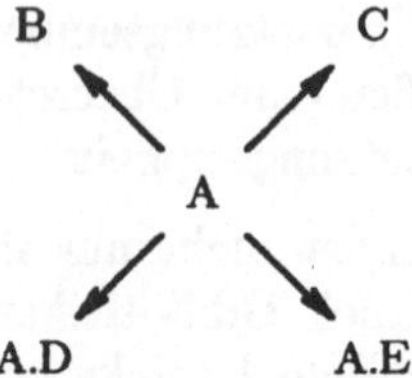

Getrennte Übersetzung von Programmteilen bedeutet nicht unabhängige Übersetzung wie z.B. in FORTRAN oder Assembler. Die Sprache ist so definiert, daß der Übersetzer die Abhängigkeiten zwischen einzelnen Einheiten erkennt und Prüfungen über die Grenzen der einzelnen Einheiten hinweg vornehmen kann. Mithin sind die Übersetzungen der einzelnen Einheiten eines Projekts nicht unabhängig voneinander und müssen in einer bestimmten Reihenfolge durchgeführt werden, denn wenn z.B. eine Einheit B Informationen gebraucht, die von einer Einheit A geliefert werden, dann muß (die Schnittstelle von) A vor B übersetzt werden. Wird die Schnittstelle von A geändert und neu übersetzt, dann muß B ebenfalls neu übersetzt werden (genauso wie die Einheiten, die selbst wiederum von B abhängen). Die Abhängigkeiten der Programmteile untereinander ersieht man aus den obigen Diagrammen durch Umkehrung der Pfeilrichtung.

Andererseits erfordert eine Änderung eines Programmteils nicht die erneute Übersetzung des gesamten Projekts; die Programmeinheiten, die von einer Änderung nicht betroffen sein können, werden unverändert in der Bibliothek gehalten. Im Extrem- und gleichzeitig Normalfall bedeutet das, daß zu vorgegebener Schnittstelle einer Programmeinheit eine Änderung im Implementierungsteil keine weitere Übersetzung einer anderen Einheit nach sich zieht.

3.1 Übersetzungseinheiten

Ada unterscheidet folgende Übersetzungseinheiten:

- Schnittstelle eines Unterprogramms
- Schnittstelle eines Pakets
- Schnittstelle einer generischen Einheit
- Implementierung eines Unterprogramms
- Implementierung eines Pakets
- Implementierung einer generischen Einheit
- Ausprägung einer generischen Einheit

Ferner sind folgende Untereinheiten getrennt übersetzbar

- Implementierung eines Unterprogramms
- Implementierung eines Pakets
- Implementierung einer generischen Einheit
- Implementierung eines Prozesses

Jede Übersetzungseinheit besteht aus der Angabe ihres Kontexts (d.h. der Einheiten, die sie benutzt), der Angabe des Namens und der Schnittstelle bzw. der Implementierung. In der Schnittstelle wird festgelegt, was die Übersetzungseinheit nach außen zur Verfügung stellt, in der Implementierung wird beschrieben, wie die zur Verfügung gestellten Operationen ablaufen sollen.

Die Trennung von Schnittstelle und Implementierung dient zwei Zwecken. Zum einen wird im Rahmen der Arbeitsteilung die Schnittstelle für andere Moduln definiert, so daß andere Moduln parallel zur Implementierung erstellt werden können, zum andern werden Implementierungsdetails versteckt, so daß keine unberechtigten Zugriffe erfolgen und die Implementierung verändert werden kann, ohne das übrige Programm verändern zu müssen.

3.2 Top-Down Programmentwicklung

Bei der Top-Down Entwicklung wird ein System dadurch aufgebaut, daß im ersten Schritt ein Programm angegeben wird, das Operationen benutzt, die erst später (in der nächsten Entwicklungsstufe) realisiert werden. Für die Struktur des Projekts ergibt sich somit ein Baum.

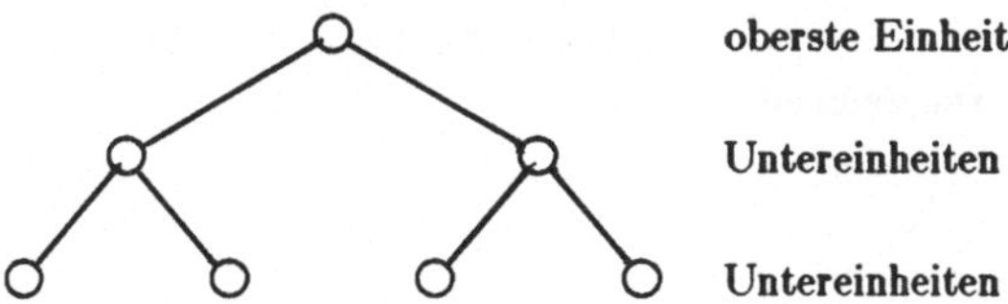

Innerhalb einer Einheit werden (im äußersten Vereinbarungsteil) die Untereinheiten aufgeführt, deren Rümpfe getrennt übersetzt werden sollen. Dies geschieht mit Hilfe eines *Stummels*, der durch das reservierte Wort **separate** gekennzeichnet ist. Innerhalb der getrennt übersetzten Rümpfe können weitere Untereinheiten angegeben werden etc. Bei der Übersetzung einer Untereinheit muß man die betreffende *Vatereinheit* (d.i. die Einheit bzw. Untereinheit, in der sie vereinbart wurde,) angeben.

Als Beispiel betrachten wir die Entwicklung eines Programms zur Erstellung von Logarithmentafeln. Der zuerst spezifizierte Programmteil behandelt den Aufbau der Tabelle. Zur Ausgabe der eigentlichen Tabellenwerte soll ein eigener Programmteil geschrieben werden. In diesem werden weitere Programmteile für die benötigten mathematischen Funktionen und zur speziellen Ausgabe

dieser Funktionswerte zur Verfügung gestellt.
Die Struktur des Gesamtprojekts ist also

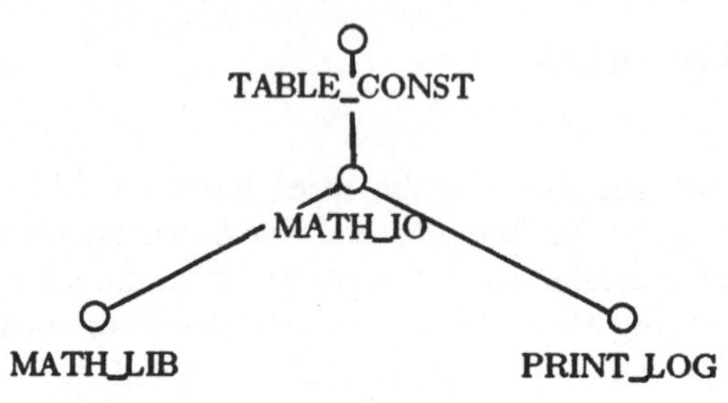


```
procedure TABLE_CONST is

   ...

   package MATH_IO is              -- Schnittstelle
      ...                          -- eines Pakets
      procedure PRINT_LOG (X : FLOAT);   -- zur Ausgabe
      ...                          -- mathematischer
   end MATH_IO;                    -- Funktionen
   package body MATH_IO is separate;   -- separate zeigt an,
                                   -- daß der Rumpf des
   ...                            -- Pakets getrennt
begin                             -- übersetzt wird.

   ...
   MATH_IO.PRINT_LOG (0.9999);    -- nach der Vereinbarung
   ...                            -- des Pakets sind Zugriffe
end TABLE_CONST;                  -- auf alle sichtbaren
                                  -- Größen möglich
----------- Ende der ersten Übersetzungseinheit ---------


separate (TABLE_CONST)
package body MATH_IO is

   ...

   package MATH_LIB is

      ...

   end MATH_LIB;

   ...

   package body MATH_LIB is separate;

   ...

   procedure PRINT_LOG (X : FLOAT) is separate;

   ...

begin
end MATH_IO;
----------- Ende der zweiten Übersetzungseinheit ---------
```

```
separate (TABLE_CONST.MATH_IO)
package body MATH_LIB is

   ...

end MATH_LIB;
----------- Ende der dritten Übersetzungseinheit ---------


separate (TABLE_CONST.MATH_IO)
procedure PRINT_LOG (X : FLOAT) is

   ...

end PRINT_LOG;
----------- Ende der vierten Übersetzungseinheit ---------
```

Die eindeutige Benennung von Einheiten erfolgt durch Festlegung des Weges von der Wurzel im Baum zu der entsprechenden Einheit. Dies geschieht durch *selektierte Komponenten*, z.B. TABLE_CONST.MATH_IO.

3.3 Bottom-Up Programmentwicklung

Bei der Bottom-Up Entwicklung eines Projekts werden zuerst Pakete und Unterprogramme spezifiziert und implementiert, die auch als für sich allein stehende, voneinander unabhängige und allgemein benutzbare Programmeinheiten gesehen werden können (Bibliothekseinheiten). Im Laufe der weiteren Entwicklung werden dann diese Programmeinheiten von anderen benutzt. Dieses Benutzen wird durch die *With-Klausel* zu Anfang der benutzenden Programmeinheit angezeigt.

Die Programme, die Ada zur Ein-/Ausgabe von Daten bietet, sind in einem Programmpaket TEXT_IO implementiert. Dieses Paket kann von allen Programmen, die EA-Operationen benutzen, verwendet werden. Da diese Operationen nicht Bestandteil der Sprache sind, genügt es nicht zu schreiben

```
procedure ECHO is
   C : CHARACTER;
begin
   GET (C);      -- Lesen von C
   PUT (C);      -- Schreiben von C
end;
```

da die Namen GET und PUT innerhalb von ECHO nicht vereinbart sind, sie keine reservierten Wörter darstellen und sie ebenfalls nicht in der Standardumgebung vordefiniert sind. Daher muß der Name des Pakets TEXT_IO dem Programm sichtbar gemacht werden. Durch Selektion erreicht man dann den Zugriff auf Größen aus dem sichtbaren Teil des Pakets.

```
with TEXT_IO;
procedure ECHO is
  C : CHARACTER;
begin
    TEXT_IO.GET (C);      -- Lesen von C
    TEXT_IO.PUT (C);      -- Schreiben von C
end;
```

Der durch die Selektion verursachte zusätzliche Schreibaufwand läßt sich auf zweierlei Weise reduzieren

a) durch Umbenennung (renaming) der benutzten Größen mit Hilfe von *Synonymvereinbarungen,*

b) durch einen Hinweis an den Übersetzer (eine sogenannte *Use-Klausel),* die Definition von Größen, die in den umschließenden Einheiten eines Programmteils nicht gefunden werden können, innerhalb der Einheiten zu suchen, die von dem Programmteil benutzt werden können.

Im ersten Fall hat dann das obige Beispiel die Gestalt

```
with TEXT_IO;
procedure ECHO is
  C : CHARACTER;
    procedure GET (C : out CHARACTER) renames TEXT_IO.GET;
    procedure PUT (C : in  CHARACTER) renames TEXT_IO.PUT;
begin
    GET (C);      -- Lesen von C
    PUT (C);      -- Schreiben von C
end;
```

Durch die Umbenennungen innerhalb des Vereinbarungsteils von ECHO sind die Prozeduren GET und PUT innerhalb von ECHO bekannt. (Auf die gleiche Art kann man auch Objekte, Ausnahmen, Pakete und Prozesse umbenennen.)

Im zweiten Fall hat man folgende Möglichkeit

```
with TEXT_IO;
use TEXT_IO;
procedure ECHO is
  C : CHARACTER;
begin
    GET (C);      -- Lesen von C
    PUT (C);      -- Schreiben von C
end;
```

Durch die Angabe des Namens einer importierten Einheit nach einem **use** werden alle sichtbaren Größen dieser Einheit direkt sichtbar und müssen nicht mehr selektiert werden.

Die Entwicklung des Projekts verläuft jetzt nach folgendem Schema

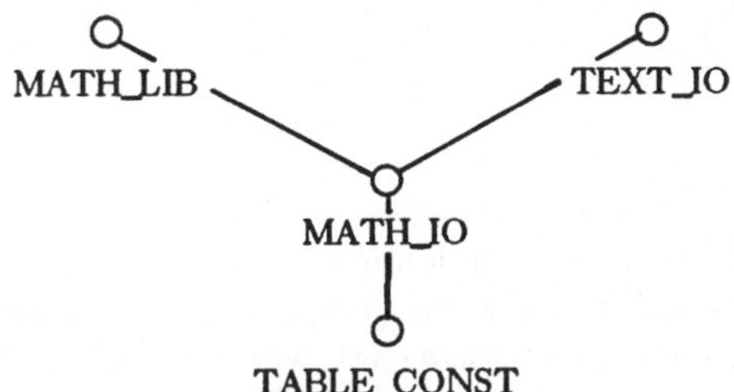

und die zugehörigen Übersetzungseinheiten folgende Gestalt

package MATH_LIB **is**

   ...

   function LOG (X : FLOAT) **return** FLOAT;

   ...

end MATH_LIB;

Der Implementierungsteil von MATH_LIB ist wieder eine Übersetzungseinheit, deren Größen allerdings nach außen hin verborgen sind.

package body MATH_LIB **is**

   ...

   function LOG (X : FLOAT) **return** FLOAT **is**

     ...

   end LOG;

   ...

end MATH_LIB;

Das Paket MATH_IO kann dann die Größen, die im sichtbaren Teil von MATH_LIB vereinbart sind, benutzen (so wie jedes andere Programm auch).

with MATH_LIB, TEXT_IO;
package MATH_IO **is**

   ...

   procedure PRINT_LOG (X : FLOAT);

   ...

end MATH_IO;

Schließlich kann nach Übersetzung (der Schnittstelle) von MATH_IO dieses Paket selbst wieder benutzt werden.

```
with MATH_IO;
procedure TABLE_CONST is

   ...

end TABLE_CONST;
```

Die Trennung von Schnittstelle und Implementierungsteil ermöglicht es ferner, Abhängigkeiten aus der Schnittstelle in die Implementierung zu verlagern
und somit zu verbergen, welche weiteren Einheiten benutzt werden. So könnte
z.B. erst bei der Implementierung von MATH_IO angezeigt werden, daß dieser
Rumpf das EA-Paket TEXT_IO benutzt.

```
with MATH_LIB;
package MATH_IO is

   ...

   procedure PRINT_LOG (X : FLOAT);
   ...

end MATH_IO;

with MATH_LIB, TEXT_IO;
package body MATH_IO is

   ...

   procedure PRINT_LOG (X : FLOAT) is ... end PRINT_LOG;
begin

   ...

end MATH_IO;
```

3.4 Mischformen der Programmentwicklung

Die beiden zuvor beschriebenen Methoden lassen sich nun beliebig kombinieren. Jede Übersetzungseinheit kann Vereinbarungen von Untereinheiten enthalten. Ebenso kann jede Übersetzungseinheit über eine With-Klausel andere Einheiten aus der Bibliothek benutzen. So können beliebige azyklische Strukturgraphen für ein Projekt erstellt werden. (Zyklische Strukturen sind natürlich unzulässig, da hier eine Einheit von sich selbst abhängig wird, was bedeutet, daß eine Bedingung für ihre Übersetzung ist, daß sie bereits übersetzt wurde.)

Für das zuvor behandelte Beispiel ist also auch folgende Struktur möglich
(Rümpfe zu Bibliothekseinheiten und Untereinheiten werden durch Quadrate
dargestellt.)

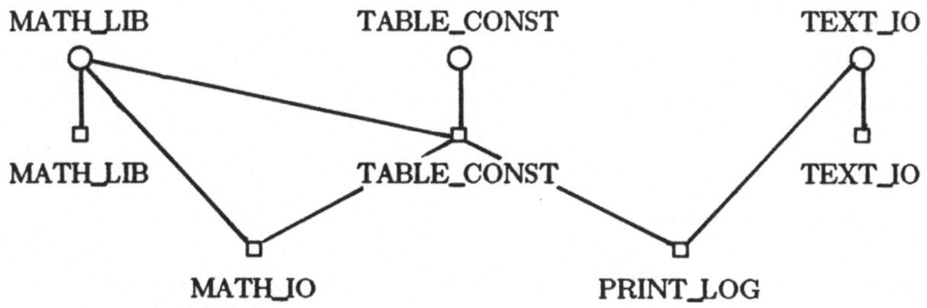

Diese strukturellen Abhängigkeiten könnten durch folgende Übersetzungen hergestellt werden:

```
package MATH_LIB is
   ...
   function LOG (X : FLOAT) return FLOAT;
   ...
end MATH_LIB;
-------------------------------------


package TABLE_CONST is
   ...
end TABLE_CONST;
-------------------------------------


package body MATH_LIB is
   ...
end MATH_LIB;
-------------------------------------


with MATH_LIB;
package body TABLE_CONST is
   package MATH_IO is
      ...
   end MATH_IO;
   procedure PRINT_LOG (X : FLOAT) is separate;
   package body MATH_IO is separate;
   ...
begin
   ...
end TABLE_CONST;
-------------------------------------
```

```
with MATH_LIB;
separate (TABLE_CONST)
package body MATH_IO is

   ...

end MATH_IO;
-------------------------------------


with TEXT_IO;
separate (TABLE_CONST)
procedure PRINT_LOG (X : FLOAT) is
begin

   ...

end PRINT_LOG;
-------------------------------------
```

4. PAKETE

4.1 Pakete und Modularisierung

Modularisierung ist eine der wichtigsten Methoden, die in den letzten Jahren zur Unterstützung der Entwicklung komplexer Software-Systeme erarbeitet wurden. Unter Modularisierung versteht man die Zerlegung von umfangreichen und komplexen Problemen in einfachere, leichter zu überschauende und damit leichter zu verstehende Komponenten.

Als mögliche Komponenten eines Systems sollen hier (abstrakte) Typen, Objekte und Operationen in Frage kommen. Typen beschreiben Mengen von Werten und Operationen auf diesen Werten. Objekte können Werte aufnehmen. Die aktuellen Werte aller Objekte eines Systems bestimmen den aktuellen Systemzustand. Operationen sind Aktionen, die in Abhängigkeit von Parameterwerten und dem aktuellen Systemzustand ein Resultat liefern und den aktuellen Systemzustand manipulieren können.

In Ada gibt es zunächst elementare Möglichkeiten zur Definition und Verwendung von Typen, Objekten und Operationen. Dies sind die Konzepte zur Typdefinition wie Aufzählungstypen, Verbunde und Reihungen, die Konzepte zur Objektdefinition (Konstante und Variable) und die Elementaroperationen wie Zuweisung, arithmetische Operationen und Komponentenselektion. Zum Beispiel definiert in Ada

```
type RATIONAL is
  record
    ZAEHLER : INTEGER;
    NENNER  : POSITIVE;
  end record;
```

den *abstrakten Datentyp* RATIONAL, der (implizit) die Operationen ″=″, ″/=″, ″.ZAEHLER″, ″.NENNER″ und ″(...)″ (Aggregatbildung) zur Verfügung stellt.

Darüber hinaus gibt es weitergehende Konzepte, die eine Erweiterung des Typ-, des Objekt- und des Operationsbegriffs erlauben. Man verwendet Unterprogramme zur Erweiterung des Operationsbegriffs. Unterprogramme werden im nächsten Kapitel behandelt. Pakete werden sowohl zur Erweiterung des Typbegriffs (abstrakte Datentypen) als auch zur Erweiterung des Objektbegriffs (abstrakte Datenobjekten) verwendet. Ein abstrakter Datentyp (ADT) definiert eine oder mehrere Wertemengen und Operationen auf diesen Wertemengen. Diese Operationen haben also i.a. Parameter oder Resultat aus dieser Wertemenge.

```
package RATIONALE_ZAHLEN is
  type RATIONAL is private;
  function GLEICH (R1, R2 : RATIONAL) return BOOLEAN;
  function PLUS (R1, R2 : RATIONAL) return RATIONAL;
  function MAL (R1, R2 : RATIONAL) return RATIONAL;

  ...

end RATIONALE_ZAHLEN;
```

Hier stellt der abstrakte Datentyp RATIONAL explizit die Operationen GLEICH, PLUS und MAL zur Verfügung.

Um mit einem abstrakten Datentyp in einem zustandsorientierten Modell, wie es von imperativen Programmiersprachen vorausgesetzt wird, arbeiten zu können, muß man Exemplare dieses Typs mittels der gegebenen Operationen erzeugen und manipulieren und diese Exemplare in Objekten ablegen können. Ein ADT definiert ausschließlich Wertemengen und Operationen, aber keine Objekte. Oft benötigt man abstrakte Datentypen, die nur zur Realisierung genau eines Objekts dienen sollen. Man faßt dann die Definition des abstrakten Datentyps und die Definition des Objekts zusammen zur Definition eines *abstrakten Datenobjekts*. Man kann sich abstrakte Datenobjekte auch als ADT "mit Gedächtnis" vorstellen, wobei die Wirkung der Operationen des ADT neben den Parametern noch vom eigenen Gedächtnis abhängt.

Eine Reduktion der Komplexität des Gesamtsystems durch Modularisierung tritt erst dann auf, wenn die Beziehungen zwischen den Moduln sich nicht auf alle Bestandteile der Moduln erstrecken. Um dies zu erreichen, ist eine *Abstraktion* von der letztendlichen Implementierung des Moduls notwendig, bei der man sich auf eine möglichst minimale Beschreibung derjenigen Komponenten des Moduls beschränkt, die den anderen Moduln zur Benutzung zur Verfügung gestellt werden. Diese Beschreibung bildet die Schnittstelle des Moduls. Bei der Abstraktion ist jedoch von entscheidender Bedeutung, daß auch alle Operationen, die von anderen Moduln mit Exemplaren der definierten Wertemenge ausgeführt werden sollen, in möglichst einfacher Weise auf die zur Verfügung gestellten Operationen zurückgeführt werden können, da diese Operationen für andere Moduln die einzige Möglichkeit zur Manipulation der Werte sind. Ein geschicktes Abwägen zwischen hoher Abstraktion und Vollständigkeit im obigen Sinne ist eine wesentliche Voraussetzung für einen gelungenen Systementwurf.

Durch die Abstraktion gewinnt man nicht nur an Übersicht über das Gesamtsystem, sondern auch an Flexibilität bei der Implementierung des Systems. Man kann die Implementierung eines Moduls im Rahmen der gegebenen Schnittstelle ändern, ohne die durch die Schnittstellen gegebene Wirkung des Gesamtsystems zu verändern. Das Prinzip, die Implementierung einer Datenstruktur und ihrer Operationen vor ihrem Anwender zu verbergen, heißt *Geheimnisprinzip* (information hiding).

Pakete (und Unterprogramme) sollen also folgende Aufgaben erfüllen:

- Erhöhung der Verständlichkeit des Gesamtsystems,
- Vereinfachung der Realisierung der einzelnen Moduln,
- Unabhängigkeit von der Realisierung anderer Moduln und dadurch leichte Änderbarkeit der Implementierung.

Um diese Ziele zu erreichen, werden von einer Zerlegung des Gesamtsystems in Moduln folgende Kriterien gefordert:

- Die Beziehung der Moduln untereinander soll einfach und wohldefiniert sein. Dies führt zur Bildung abstrakter Datentypen und -objekte. Was von einem Modul benutzt werden kann, sollte getrennt aufgeführt sein (Schnittstellenbildung).
- Über die Realisierung der Operationen und die Darstellung der Objekte sollte nach außen hin nichts bekannt sein (Abstraktion, Geheimnisprinzip).

Der Zerlegung in Schnittstelle und Implementierung sowie dem Geheimnisprinzip folgend unterscheidet Ada bei Paketen und Unterprogrammen die Schnittstelle (Vereinbarung) und die Implementierung (Rumpf). Die Vereinbarung enthält alle Angaben, die von anderen Moduln gesehen werden sollen. Der Rumpf enthält die Implementierungseinzelheiten. So tragen zwar die im Rumpf vereinbarten Größen zur Implementierung der Schnittstelle bei, bleiben aber für andere Moduln unsichtbar. Gegenüber dem Prinzip der geschachtelten Sichtbarkeit von Größen, wie es der Blockstrukturierung entspricht, führt diese Einteilung zu einem völlig neuen Begriff der Sichtbarkeit (visibility) von Größen.

Bedauerlicherweise läßt sich mit der heutigen Technologie das eben genannte Prinzip nicht rein durchführen. Einerseits gehört zur Schnittstellenbeschreibung eigentlich auch die Angabe der (abstrakten) Bedeutung der verschiedenen Operationen, d.i. ihre Wirkung auf den Zustand des Systems oder die Eigenschaften ihres Resultats. Die Realisierung dieser Bedeutung durch die Implementierung und die korrekte Ausnutzung dieser Bedeutung durch das Programm lassen sich heute von einem Übersetzer noch nicht überprüfen. Sie werden daher in der Vereinbarung nicht berücksichtigt und können nur als Kommentare geschrieben werden. Umgekehrt benötigen Ada-Übersetzer bei der Übersetzung eines Moduls Kenntnisse über die Implementierung von benutzten Moduln, die für den Entwurf dieses Moduls bedeutungslos sind und die daher nicht zur Schnittstelle gehören. Um die Bedürfnisse der Übersetzer zu befriedigen, werden diese zusätzlichen Angaben in Ada trotzdem in die Vereinbarung aufgenommen. Diese besteht daher aus einem allgemeinen, *sichtbaren Teil* und anschließend (optional) einem *privaten Teil*, der solche für den Programmentwurf eigentlich unwichtigen Zusatzinformationen enthält.

Man bezeichnet daher auch die gesamte Paketvereinbarung als "physische" Schnittstelle, den sichtbaren Teil hingegen als "logische" Schnittstelle.

Eine Paketvereinbarung hat im allgemeinen folgenden Aufbau:

```
package Paketname is

  ...

private

  ...

end Paketname;
```

4.2 Pakete und abstrakte Datentypen

Ein abstrakter Datentyp besteht aus der Angabe seiner Signatur, seiner Wertemenge und seiner Wirkung. Die Signatur beschreibt dabei die Form der Operationen, d.h. die Operationsbezeichnung, die Anzahl und Art der Argumente und die Art des Resultats. Das Paketkonzept umfaßt diese drei Komponenten, wobei

- die Signatur durch eine Paketvereinbarung angegeben wird,
- die Wertemenge (letztendlich) durch elementare Typen charakterisiert wird und
- die Wirkung der Operationen durch den Rumpf des Paketes beschrieben wird.

4.2.1 Paketvereinbarung, private Typen, offene Konstante

Wir werden im Verlauf dieses Kapitels mehrere Möglichkeiten zur Realisierung des abstrakten Datentyps RATIONALE_ZAHLEN untersuchen. Ein erster Ansatz ist

```
package RATIONALE_ZAHLEN is
  type RATIONAL is
    record
      ZAEHLER : INTEGER;
      NENNER  : POSITIVE;
    end record;
  function GLEICH (R1, R2 : RATIONAL) return BOOLEAN;
  function PLUS (R1, R2 : RATIONAL) return RATIONAL;
  function MAL (R1, R2 : RATIONAL) return RATIONAL;
end RATIONALE_ZAHLEN;
```

Diese Paketvereinbarung stellt für Werte des Typs RATIONAL die Operationen GLEICH, PLUS und MAL zur Verfügung. Zusätzlich werden jedoch auch die für Verbund-Typen in Ada vordefinierten Operationen, nämlich Vergleich ("="), Zuweisung, Aggregatbildung und Komponentenselektion, nach außen verfügbar. Dieses Beispiel zeigt die reine Form eines abstrakten Datentyps. Die Wirkung der Operationen ist ausschließlich durch ihre Parameter bestimmt und hängt nicht von einem aktuellen Zustand des Pakets ab.

Es ist aus verschiedenen Gründen sinnvoll, den strukturellen Aufbau des zur Implementierung verwendeten Verbund-Typs RATIONAL nach außen zu verbergen.

- Komponentenselektion und Aggregatbildung für Werte vom Typ RATIONAL sollen keine Operationen des ADT sein.
- Die vordefinierte Gleichheitsoperation hat nicht die intendierte Bedeutung: (1 / 1) /= (2 / 2). (Siehe auch limitierte Typen.)
- Ein Verbergen der Darstellung erlaubt eine spätere Veränderung, z.B. die platzsparende Darstellung als Index einer Reihung, in der die RATIONAL-Werte abgelegt werden.
- Das Paket hat die vollständige Kontrolle über die Erzeugung und Manipulation von rationalen Zahlen, was z.B. für Messungen mit dem Ziel der Programmoptimierung von Bedeutung sein kann.

Dieses Verbergen erfolgt durch die Verwendung eines *privaten Typs*. Dazu verlagert man die vollständige Definition des Typs in den privaten Teil der Paketvereinbarung.

```
package RATIONALE_ZAHLEN is
  type RATIONAL is private;
  ...
private
  type RATIONAL is
    record
      ZAEHLER : INTEGER;
      NENNER  : POSITIVE;
    end record;
end RATIONALE_ZAHLEN;
```

Im privaten Teil einer Paketvereinbarung können neben Typvereinbarungen noch weitere Vereinbarungen und Implementierungseinzelheiten (Maschinendarstellung) stehen. Objektvereinbarungen im privaten Teil können dazu dienen, Konstante des privaten Typs, die nach außen sichtbar sein sollen, zu initialisieren. Die Initialisierung im sichtbaren Teil ist ja nicht möglich, da die strukturellen Einzelheiten des Typs verborgen sind. Die Initialisierung muß also vom sichtbaren Teil in den privaten Teil verschoben werden. Solche Konstante heißen *offene Konstante* (deferred constants).

```
package RATIONALE_ZAHLEN is

   ...

   RAT_0 : constant RATIONAL;

   ...

private

   ...

   RAT_0 : constant RATIONAL := (0, 1);
end RATIONALE_ZAHLEN;
```

Um neben vorgegebenen Konstanten überhaupt Objekte vom Typ RATIONAL
zur Verfügung zu haben, muß der sichtbare Teil des Pakets zumindest die Vereinbarung einer Aufbaufunktion der Form

```
function MACH_RATIONAL (Z : INTEGER;
                        N : POSITIVE) return RATIONAL;
```

enthalten. Diese Operation scheint unnötig, falls RATIONAL wie im ersten Beispiel kein privater Typ ist. Seine Struktur ist dann nach außen sichtbar und
der Aufbau von Objekten kann auch außerhalb des Pakets mittels vordefinierter Operationen (Aggregatbildung oder Komponentenselektion) erfolgen. Es
kann jedoch eine geforderte Eigenschaft der Werte vom Typ RATIONAL sein,
daß sie immer in gekürzter Form vorliegen. Diese Eigenschaft muß dann von
der Operation MACH_RATIONAL erfüllt werden. Die Überprüfung, ob diese Eigenschaft für Werte vom Typ RATIONAL immer erfüllt ist, kann nicht vom
Übersetzer durchgeführt werden, da Ada keine Hilfsmittel zur Beschreibung
solcher Bedingungen zur Verfügung stellt. Durch das Verbergen der Struktur
des Typs RATIONAL beschränkt sich eine solche Überprüfung (durch Codeinspektion) jedoch auf die Implementierung des Pakets RATIONALE_ZAHLEN,
während im anderen Fall jeder Modul, der RATIONALE_ZAHLEN benutzt, Werte erzeugen könnte, die diese Eigenschaft nicht haben.

Paketvereinbarungen müssen nicht notwendig einen neuen Typ einführen. Sie
können auch ausschließlich der Zusammenfassung zusammengehöriger Operationen dienen, die auf bereits definierten ADTs aufbauen, z.B.

```
with RATIONALE_ZAHLEN;
use  RATIONALE_ZAHLEN;  -- siehe Kapitel 4.3
package RAT_KONVERTIERUNG is
   function INT_NACH_RAT (I : INTEGER) return RATIONAL;
   function RAT_NACH_INT (R : RATIONAL) return INTEGER;
   function FLOAT_NACH_RAT (F : FLOAT) return RATIONAL;
   function RAT_NACH_FLOAT (R : RATIONAL) return FLOAT;
end RAT_KONVERTIERUNG;
```

4.2.2 Paketrumpf

Im Paketrumpf wird die Wirkung der in der Vereinbarung angegeben Operationen beschrieben. Der Paketrumpf hat die allgemeine Form

```
package body Paketname is
   Vereinbarung lokaler Größen
   Rümpfe der Operationen (u. sonstigen Programmeinheiten)
     aus der Paketvereinbarung
   weitere Rümpfe
begin
   Anweisungen
end Paketname;
```

Innerhalb des Paketrumpfs können also noch weitere Vereinbarungen von Objekten und Typen aufgeführt sein. Es müssen aber sämtliche Implementierungen der in der Paketvereinbarung aufgeführten Operationsvereinbarungen vorhanden (oder als getrennt zu übersetzende Untereinheiten aufgeführt) sein. Die abschließend mit **begin** eingeleitete Anweisungsfolge ist optional. Sie dient zur *Initialisierung* von Größen und kann, falls eine solche nicht erforderlich ist, weggelassen werden. Ist sie vorhanden, so wird sie genau einmal ausgeführt, nämlich bei der Abarbeitung des Paketrumpfs.

Die Realisierung des abstrakten Datentyps RATIONALE_ZAHLEN ist im folgenden Beispiel weiter ausgeführt.

```
package RATIONALE_ZAHLEN is
   type RATIONAL is private;
   function MACH_RATIONAL (Z : INTEGER;
                                   N : POSITIVE) return RATIONAL;
   function GLEICH (R1, R2 : RATIONAL) return BOOLEAN;
   function PLUS (R1, R2 : RATIONAL) return RATIONAL;
   function MAL (R1, R2 : RATIONAL) return RATIONAL;
private
   type RATIONAL is
     record
       ZAEHLER : INTEGER;
       NENNER  : POSITIVE;
     end record;
end RATIONALE_ZAHLEN;
```

```ada
package body RATIONALE_ZAHLEN is
  function MACH_RATIONAL (Z : INTEGER;
                               N : POSITIVE) return RATIONAL is
  begin
    return (Z, N);
  end MACH_RATIONAL;

  function GGT (A, B : POSITIVE) return POSITIVE is
    -- größter gemeinsamer Teiler von A, B (A, B > 0)
    HA, HB, HC : NATURAL;
  begin
    HA := A;
    HB := B;
    while HB /= 0 loop
      if HA >= HB then
        HA := HA mod HB;
      end if;
      HC := HA; HA := HB; HB := HC;
    end loop;
    return HA;
  end GGT;

  procedure GLEICHER_NENNER (R1, R2 : in out RATIONAL) is
    -- erweitert R1 und R2 auf gleichen Nenner
    N_GGT : constant POSITIVE := GGT (R1.NENNER, R2.NENNER);
    N_KGV : constant POSITIVE := R1.NENNER * (R2.NENNER / N_GGT);
  begin
    R1.ZAEHLER := R1.ZAEHLER * N_KGV / R1.NENNER;
    R2.ZAEHLER := R2.ZAEHLER * N_KGV / R2.NENNER;
    R1.NENNER := N_KGV;
    R2.NENNER := N_KGV;
  end GLEICHER_NENNER;

  function GLEICH (R1, R2 : RATIONAL) return BOOLEAN is
  begin
    return R1.ZAEHLER * R2.NENNER = R1.NENNER * R2.ZAEHLER;
  end GLEICH;

  function PLUS (R1, R2 : RATIONAL) return RATIONAL is
    ...
  end PLUS;

  function MAL (R1, R2 : RATIONAL) return RATIONAL is
    ...
  end MAL;
end RATIONALE_ZAHLEN;
```

4.3 Gültigkeit und Sichtbarkeit, Use-Klauseln

Erscheint die Paketvereinbarung im Vereinbarungsteil eines Unterprogramms oder eines Blocks, so erstreckt sich der *Gültigkeitsbereich* (scope) aller Größen, die in diesem Paket (in Vereinbarung oder Rumpf) vereinbart sind, bis zum Ende dieses Unterprogramms oder Blocks. Ist an irgendeiner Stelle des Programms ein Paket durch einen Namen ansprechbar (man sagt, der Name des Pakets ist an dieser Stelle *sichtbar*), so können die innerhalb des sichtbaren Teils der Paketvereinbarung vereinbarten Größen immer durch Qualifikation mit diesem Paketnamen benannt werden, z.B. RATIONALE_ZAHLEN.RATIONAL. Die Verwendung einer *Use-Klausel* vereinfacht die Schreibweise und erlaubt die unqualifizierte Benennung (RATIONAL) der in dem Paket vereinbarten Größen. Eine Use-Klausel kann syntaktisch unmittelbar nach einer With-Klausel (also vor Beginn einer Programmeinheit) oder als Bestandteil eines Vereinbarungsteils geschrieben werden:

use RATIONALE_ZAHLEN;

Wird durch mehrere Use-Klauseln derselbe Name für verschiedene Größen (aus verschiedenen Paketen) sichtbar, so bestimmen spezielle Regeln zur Auflösung solcher Konflikte, ob bzw. in welchem Kontext dieser Name für welche der Größen verwendbar ist (vgl. Kapitel 7). Diese Regeln sind recht kompliziert und sollen hier nicht weiter erklärt werden. Es ist Aufgabe eines (guten) Ada-Übersetzers, diese Regeln anzuwenden und dem Programmierer in einer Konfliktsituation die entsprechende Auskunft zu geben. In dem hier besprochenen Fall kann ein solcher Konflikt auf jeden Fall durch Qualifikation mit dem Paketnamen durch den Programmierer aufgelöst werden. (Das ist auch in Gegenwart von Use-Klauseln zulässig). Überhaupt ist für größere Programmsysteme die generelle Verwendung von qualifizierten Namen von Vorteil, um die Herkunft und Bedeutung eines Namens auch für den menschlichen Leser des Programms ersichtlich zu machen. Für lange Paketnamen können durch *Synonymvereinbarungen* Kürzel eingeführt werden.

package RAT **renames** RATIONALE_ZAHLEN;
R1 := RAT.MACH_RATIONAL (...);

Die Verwendung von Use-Klauseln ist notwendig für die Ermöglichung der Infix-Schreibweise von Operationen, die im Paket vereinbart werden. Man beachte dabei, daß insbesondere die vordefinierten (z.B. arithmetischen) Operationen implizit an der Stelle der Typvereinbarung stattfinden und ebenfalls nur über use-Klauseln direkt (unqualifiziert) sichtbar werden.

Bezüglich der Gültigkeit der im Paket definierten Größen werden Paketvereinbarung und Paketrumpf gleich behandelt. Die Gültigkeit der Größen endigt in beiden Fällen mit dem Verlassen des umschließenden Unterprogramms oder Blocks. Anders steht es jedoch mit dem Sichtbarkeitsbereich. Während die Größen des sichtbaren Teils der Paketvereinbarung sowohl innerhalb des

Vereinbarungsteils selbst als auch im zugehörigen Paketrumpf als auch außerhalb des Pakets benutzt werden können, sind die im privaten Teil und im
Paketrumpf vereinbarten Bezeichner außerhalb des privaten Teils und des
Paketrumpfs grundsätzlich unsichtbar. Die Funktion GGT in unserem Beispiel
ist also eine reine Hilfsfunktion des Paketrumpfs und außerhalb des Pakets
nicht aufrufbar.

4.4 Limitierte Typen

Für Objekte eines privaten Typs sind nur noch die Operationen $"="$, $"/="$,
die Zuweisung und die im Paket für diesen Typ definierten Operationen zulässig. Das hat für das obige Beispiel zur Konsequenz, daß für

    R1 := MACH_RATIONAL (1, 1);

und

    R2 := MACH_RATIONAL (2, 2);

gilt

    GLEICH (R1, R2)

aber

    R1 /= R2

Dieses Problem würde vermieden, wenn die Operation MACH_RATIONAL nur
gekürzte Brüche als Resultat liefern würde. Dann hätte man auf die Operation
gleich verzichten können, da die vordefinierte Gleichheitsoperation das intendierte Resultat liefern würde. Will man jedoch bei der hier vorgeschlagenen
Implementierung der Operation MACH_RATIONAL bleiben, so ist es sinnvoll, die
vordefinierte Vergleichsoperation für den Typ RATIONAL nach außen zu verbieten. Zur Unterbindung von Zuweisung und Vergleich erklärt man den Typ als
limitiert.

```
    package RATIONALE_ZAHLEN is
      type RATIONAL is limited private;
      function MACH_RATIONAL (Z : INTEGER;
                              N : POSITIVE) return RATIONAL;
      function GLEICH (R1, R2 : RATIONAL) return BOOLEAN;
      function PLUS (R1, R2 : RATIONAL) return RATIONAL;
      function MAL (R1, R2 : RATIONAL) return RATIONAL;
      procedure WEISE_ZU (R1 : out RATIONAL; R2 : RATIONAL);
    private
      type RATIONAL is ...
    end RATIONALE_ZAHLEN;
```

Hier ist es also außerhalb des Pakets nicht möglich, Objekte vom Typ RA-
TIONAL mit der vordefinierten Operation "=" zu vergleichen oder einander zu-
zuweisen. Dazu müssen die im Paket definierten Operationen GLEICH und WEI-
SE_ZU verwendet werden. In diesem (und nur in diesem) Fall kann aber der
Operator "=" im Paket definiert werden (d.h. die Operation gleich könnte
auch "=" heißen und dann außerhalb des Pakets in der gewohnten Infix-
Schreibweise verwendet werden). Die Zuweisung kann jedoch nicht so definiert
werden, so daß sie in der üblichen Schreibweise ":=" verwendet werden kann.

4.5 Pakete und getrennte Übersetzung

Bezüglich der getrennten Übersetzung von Paketen schreibt die Sprache folgende Regeln vor.

- Funktionsneutrale Änderungen im Implementierungsteil eines Pakets haben
  keinen Einfluß auf irgendeinen anderen Modul. Es sind keine Nachübersetzungen notwendig.
- Änderungen im privaten Teil einer Paketvereinbarungen lassen die Funktion
  irgendeines anderen Moduls unverändert, ohne irgendwelche Änderungen anderer Moduln notwendig zu machen. Jedoch müssen Moduln, die dieses Paket
  benutzen, neu übersetzt werden.
- Änderungen im sichtbaren Teil einer Paketvereinbarung können Änderungen
  in den benutzenden Moduln notwendig machen. Auch hier müssen alle abhängigen Moduln nachübersetzt werden.

Entscheidet man sich in unserem Beispiel der Implementierung rationaler
Zahlen, daß alle Operationen, die rationale Zahlen als Resultat liefern, dies in
einer gekürzten Darstellung tun müssen, so wäre davon nur der Paketrumpf betroffen. Es wären also keine Nachübersetzungen erforderlich.

```
package body RATIONALE_ZAHLEN is
    function KUERZE (R : RATIONAL) return RATIONAL is ...
    function MACH_RATIONAL (Z : INTEGER;
                           N : POSITIVE) return RATIONAL is
    begin
        return KUERZE ((Z, N));
    end MACH_RATIONAL;
    function GLEICH (R1, R2 : RATIONAL) return BOOLEAN is
    begin
        return R1 = R2;
    end GLEICH;

    ...

end RATIONALE_ZAHLEN;
```

Entscheidet man sich zu einer anderen Darstellung von rationalen Zahlen, so muß der private Teil der Paketvereinbarung geändert werden.

```
package RATIONALE_ZAHLEN is

  ...

private
  type RATIONAL is new NATURAL;
end RATIONALE_ZAHLEN;

package body RATIONALE_ZAHLEN is
  type BRUCH is
    record
      ZAEHLER : INTEGER;
      NENNER  : POSITIVE;
    end record;
  TAB_MAX : constant RATIONAL := 255;
  TABELLE : array (RATIONAL range 1 .. TAB_MAX) of BRUCH;
  TAB_PEGEL : RATIONAL range 0 .. TAB_MAX := 0;

  ...

  function MACH_RATIONAL (Z : INTEGER;
                          N : POSITIVE) return RATIONAL is
begin
  if IN_TAB (Z, N) then
    return TAB_INDEX (Z, N);
  elsif TAB_PEGEL = TAB_MAX then
    raise STORAGE_ERROR;
  else
    TAB_PEGEL := TAB_PEGEL + 1;
    TABELLE (TAB_PEGEL).ZAEHLER := Z;
    TABELLE (TAB_PEGEL).NENNER := N;
    return TAB_PEGEL;
  end if;
end MACH_RATIONAL;
function GLEICH (R1, R2 : RATIONAL) return BOOLEAN is
begin
  return R1 = R2;
end GLEICH;

  ...

end RATIONALE_ZAHLEN;
```

Diese Änderung würde lediglich die Nachübersetzung von abhängigen Moduln notwendig machen, ohne daß diese jedoch geändert werden müßten.

Beim Übergang von der Vereinbarung des Typs RATIONAL zu einem limitierten Typ würde eine Änderung des Programmtexts der abhängigen Moduln notwendig, da zum Beispiel die Anweisung

    R := PLUS (R1, R2);

durch

    WEISE_ZU (R, PLUS (R1, R2));

ersetzt werden müßte. Alle abhängigen Moduln müssen (eventuell nach Änderung) neu übersetzt werden.

4.6 Hilfsmittel zur Verschiebung von Implementierungsentscheidungen

In diesem Kapitel soll an Beispielen erläutert werden, wie anstehende Implementierungsentscheidungen auch tatsächlich in den Rumpf (und nicht schon in den privaten oder sogar sichtbaren Teil) des Pakets verlegt werden.

Will man in einem Paket einen festen Wert nach außen zur Verfügung stellen, so gibt es dafür mehrere Möglichkeiten, die sich in ihrer Handhabung unterscheiden. Realisiert man den Wert durch eine Konstante, so muß diese in der Paketvereinbarung initialisiert werden, was bei Änderung des Wertes die Nachübersetzung der abhängigen Moduln notwendig macht.

```
package RATIONALE_ZAHLEN is

   ...
   RAT_MAX : constant RATIONAL;
private
   RAT_MAX : constant RATIONAL := (POSITIVE'LAST, 1);
end RATIONALE_ZAHLEN;
```

Eine Variable, die in der Paketvereinbarung vereinbart und im Rumpf durch eine Anweisung initialisiert wird, würde dieses Problem lösen. Jedoch ist jetzt eine Zuweisung an die Variable von außen möglich.

```
package RATIONALE_ZAHLEN is

   ...
   RAT_MAX : RATIONAL;
end RATIONALE_ZAHLEN;

package body RATIONALE_ZAHLEN is

   ...
begin
   RAT_MAX := (POSITIVE'LAST, 1);
end RATIONALE_ZAHLEN;
```

Die adäquate Lösung ist eine "Variable" mit "versteckter" Zuweisung. Diese läßt sich durch eine Funktion realisieren, die in der Paketvereinbarung vereinbart wird und deren Implementierung den entsprechenden Wert liefert, dessen Änderung keine anderen Moduln berührt.

```
package RATIONALE_ZAHLEN is
  ...
  function RAT_MAX return RATIONAL;
  ...
end RATIONALE_ZAHLEN;

package body RATIONALE_ZAHLEN is
  ...
  function RAT_MAX return RATIONAL is
  begin
    return (POSITIVE'LAST, 1);
  end RAT_MAX;
  ...
end RATIONALE_ZAHLEN;
```

Das zweite Beispiel betrifft die Realisierung von Typen. Private Typen müssen grundsätzlich im privaten Teil der Paketvereinbarung vervollständigt werden. Eine Verschiebung dieser Realisierungsentscheidungen wird durch die Verwendung von Zugriffstypen zusammen mit *unvollständigen Typen* ermöglicht.

```
package RATIONALE_ZAHLEN is
  ...
private
  type RAT_IMPL;
  type RATIONAL is access RAT_IMPL;
  ...
end RATIONALE_ZAHLEN;

package body RATIONALE_ZAHLEN is
  ...
  type RAT_IMPL is record ... end record;
  ...
end RATIONALE_ZAHLEN;
```

Der unvollständige Typ RAT_IMPL, der im privaten Teil der Paketvereinbarung vereinbart ist, braucht erst im Paketrumpf vervollständigt zu werden. (Diese Regel gilt nur für unvollständige Typ im privaten Teil.) Alle Operationen auf Werten des Typs RATIONAL müssen dann natürlich mit Werten einer höheren Referenzstufe arbeiten als in den vorangegangenen Beispielen.

4.7 Exemplare von ADTs, parametrisierte ADTs

In der Tabellendarstellung von rationalen Zahlen in einem vorangegangenen
Beispiel wird der abstrakte Datentyp mit einem Gedächtnis implementiert.
Dennoch handelt es sich dabei um einen abstrakten Datentyp in reiner Form,
da das Gedächtnis die Wirkung der Operationen nach außen nicht beeinflußt.
Der Unterschied zwischen einem abstrakten Datentyp und einem abstrakten
Datenobjekt soll im folgenden Beispiel für die Realisierung eines Kellers erläu-
tert werden.

```
package STACK is
   type ELEMENT is ...;
   type STACK_TYPE is private;
   function EMPTY_STACK return STACK_TYPE;
   function PUSH (S : STACK_TYPE; E : ELEMENT) return STACK_TYPE;
   function TOP (S : STACK_TYPE) return ELEMENT;
   function POP (S : STACK_TYPE) return STACK_TYPE;
   STACK_OVERFLOW, STACK_UNDERFLOW : exception;
private
   STACK_SIZE : constant := 255;
   type STACK_TYPE is array (1 .. STACK_SIZE) of ELEMENT;
end STACK;
```

Diese Realisierung stellt den abstrakten Datentyp STACK_TYPE zur Verfügung, für den Exemplare mittels Objektvereinbarung der Form

```
ST : STACK_TYPE;
```

erzeugt werden können. Ist man nur an einem einzigen Exemplar eines Kellers interessiert, so kann diese Exemplarbildung zusammen mit der Definition
des ADT mit einer Paketvereinbarung der folgenden Form realisiert werden,
was dann ein abstraktes Datenobjekt darstellt.

```
package STACK is
   type ELEMENT is ...;
   procedure EMPTY_STACK;
   procedure PUSH (E : ELEMENT);
   function TOP  return ELEMENT;
   procedure POP;
   STACK_OVERFLOW, STACK_UNDERFLOW : exception;
end STACK;
```

Der Typ STACK_TYPE und die Parameter von diesem Typ werden überflüssig, da nur ein einziges Exemplar von diesem Typ existiert, das durch den Zustand des Pakets repräsentiert wird.

Bei der Vereinbarung von Typen können bestimmte Merkmale dieses Typs offengelassen und erst bei der Exemplarbildung festgelegt werden. Diese Art von Typen nennt man *parametrisierte Typen*. Die Möglichkeiten zur Parametrisierung von elementaren Typen werden wir noch in Kapitel 7 kennenlernen. Für die durch Pakete definierten abstrakten Datentypen gibt es im wesentlichen eine Möglichkeit zur Parametrisierung. Wir wollen sie am Beispiel des Kellers einführen, werden aber auf die allgemeine Verwendung dieses Konzepts noch im Zusammenhang mit Verbund-Typen in Kapitel 7 eingehen. Soll im obigen Beispiel die Größe des Kellers als Parameter in die Typvereinbarung eingehen, so kann dies in der folgenden Art geschehen.

```
package STACK is
   type ELEMENT is ...;
   type STACK_TYPE (STACK_SIZE : POSITIVE) is private;
   function EMPTY_STACK return STACK_TYPE;
   function PUSH (S : STACK_TYPE; E : ELEMENT) return STACK_TYPE;
   function TOP (S : STACK_TYPE) return ELEMENT;
   function POP (S : STACK_TYPE) return STACK_TYPE;
   STACK_OVERFLOW, STACK_UNDERFLOW : exception;
private
   type STACK_TYPE (STACK_SIZE : POSITIVE) is
     record
       STACK_AREA : array (1 .. STACK_SIZE) of ELEMENT;
     end record;
end STACK;
```

STACK_SIZE ist eine *Diskriminante* des Verbunds STACK_TYPE, die erst bei einer Objektvereinbarung festgelegt zu werden braucht.

```
ST : STACK_TYPE (255);
```

Weiterreichende Konzepte zur Parametrisierung von abstrakten Datentypen werden in Kapitel 8 im Zusammenhang mit generischen Einheiten besprochen.

5. SEQUENTIELLE ABLAUFSTEUERUNG

In diesem Kapitel soll auf die Möglichkeiten zur Beschreibung des sequentiellen Programmablaufs in Ada eingegangen werden. Dazu gehört insbesondere das Konzept der

5.1 Unterprogramme

Unterprogramme sind mit vielen anderen Sprachkonzepten eng verbunden. So können Unterprogramme Operatoren sein, die in Formeln auftreten können, sie können zur Definition von Operationen von abstrakten Datentypen in Paketen verwendet werden und sie bilden eine Klasse von Moduln, die auch getrennt übersetzt werden können. Im folgenden Unterkapitel sollen die allgemeinen Merkmale von Unterprogrammen eingeführt werden. Auf ihre Verwendung im Zusammenhang mit speziellen Sprachkonzepten wird noch in anderen Kapiteln eingegangen.

Unterprogramme sind neben Paketen, Prozessen und generischen Einheiten ein Hilfsmittel zur Modularisierung eines Programmsystems. Die Ziele und das Vorgehen bei der Programmodularisierung wurden bereits im vorigen Kapitel diskutiert. So wie Pakete der Zusammenfassung zusammengehöriger Größen zu einer neuen Größe dienen, so dienen Unterprogramme der Zusammenfassung von Operationen zu einer neuen Operation. Betrachtet man einen Algorithmus als die Realisierung einer Operation, so bieten Unterprogramme die Möglichkeit, Algorithmen mit Werten zu parametrisieren. Weitere Möglichkeiten zur Parametrisierung werden wir in Kapitel 8 kennenlernen.

Wie bei Paketen unterscheidet man auch bei Unterprogrammen einen Vereinbarungsteil, der die Schnittstelle des Unterprogramms realisiert, und einen Rumpf, der zur Implementierung der Schnittstelle mit den vorgegebenen Sprachhilfsmitteln dient.

5.1.1 Unterprogrammvereinbarung, Aufruf und Parameterübergabe

Operationen können zwei verschiedenartige Effekte haben. Sie können den Systemzustand verändern, der sich aus den Werten der (abstrakten) Objekte des Systems ergibt, und sie können ein Ergebnis liefern. Eine Klassifikation von Unterprogrammen in Programmiersprachen erfolgt in aller Regel nur nach der Eigenschaft, ob die Operation ein Ergebnis liefert oder nicht. Unterprogramme mit Ergebnis heißen in Ada *Funktionen*, Unterprogramme ohne Ergebnis heißen in Ada *Prozeduren*. Prozeduren haben als einzigen möglichen Effekt also die Veränderung des Programmzustands. Verändert eine Funktion neben der Lieferung eines Ergebnisses auch noch den Programmzustand, so nennt man diesen Effekt einen *Seiteneffekt*. Das Vorhandensein von Seiteneffekten macht

Programme oft unübersichtlich, da die Schreibweise der Anwendung von Funktionen keine schrittweise Abarbeitung und damit keine Vorstellung von Zustandsänderungen nahelegt. Wie wir noch sehen werden, ist es jedoch aus verschiedenen Gründen nicht immer sinnvoll, zwischen beiden Effekten einer Operation streng zu trennen und Seiteneffekte für Funktionen in einer Sprache generell zu verbieten (was ohnehin nur mit großen Schwierigkeiten überprüfbar wäre). Der Effekt eines Unterprogramms ist im allgemeinen von Parametern abhängig.

Die Schnittstellenbeschreibung eines Unterprogramms enthält dessen Art (Prozedur oder Funktion), dessen Namen, eine Beschreibung seiner Parameter und für Funktionen die Angabe des Ergebnistyps. Damit kommt man zu folgenden Formen für Unterprogrammvereinbarungen.

procedure Prozedurname (formale Parameter);

und

function Funktionsname (formale Parameter) **return** Ergebnistyp;

Das Vorhandensein von formalen Parametern (einschließlich der runden Klammern) ist optional. Unter Kenntnis dieser Angaben kann ein Unterprogramm aufgerufen werden. Natürlich müßte für eine vollständige Schnittstellenbeschreibung noch die Wirkung des Unterprogramms spezifiziert werden. Eine Möglichkeit dazu ist in Ada (abgesehen von Kommentaren) nicht vorgesehen.

Die Beschreibung der *formalen Parameter* enthält für jeden Parameter einen Namen, einen Typ, einen *Modus*, in dem beim Aufruf aktuelle und formale Parameter in Beziehung gesetzt werden, und optional eine *Vorbesetzung*. Die einzelnen Parametervereinbarungen sind durch Semikolon getrennt.

```
procedure IRGENDEIN_BEISPIEL (C : CHARACTER;
                              B : in BOOLEAN := TRUE;
                              I, J : in out INTEGER;
                              F : out FLOAT);
```

Das reservierte Wort **in** wird automatisch ergänzt, wenn nichts angegeben ist. Bei der Vereinbarung von C haben wir es weggelassen. Die Vereinbarung von I und J zeigt, daß wir die Angabe mehrerer Parameter mit gleichen Eigenschaften zusammenfassen können.

Der *Aufruf* eines Unterprogramms erfolgt durch die Angabe seines Namens, gegebenenfalls gefolgt von einer geklammerten Liste *aktueller Parameter*. Der Aufruf einer Prozedur ist eine Anweisung, während der Aufruf einer Funktion ein Ausdruck ist, was für den Kontext, in dem solche Aufrufe stehen können, von Bedeutung ist.

IRGENDEIN_BEISPIEL ('$', FALSE, X, Y, Z);

Im einfachsten Fall werden dabei die Parameter aufgezählt. Die Zuordnung von aktuellen zu formalen Parametern erfolgt dabei über die Position in der Aufzählung. Aus Dokumentationsgründen, zur Erhöhung der Programmsicherheit und zur Benutzung von Voreinstellungen ist es oft notwendig, die Liste der aktuellen Parameter (zumindest teilweise) über die Namen der formalen Parameter zuzuordnen.

IRGENDEIN_BEISPIEL ('$', F => Z, I => X, J => Y);

Zuordnungen über Namen können dabei in beliebiger Reihenfolge stehen. Dahinter darf aber keine *Zuordnung über die Position* mehr erfolgen. Im Beispiel wird dem formalen Parameter B kein aktueller Parameter zugeordnet. Dies ist nur deshalb erlaubt, weil der formale Parameter eine Vorbesetzung hat, die für diesen Fall den aktuellen Parameterwert angibt. Korrespondierende aktuelle und formale Parameter müssen vom selben Typ sein.

Die Wirkung der Zuordnung zwischen aktuellem und formalem Parameter beim Unterprogrammaufruf wird durch die Art des formalen Parameters bestimmt. Innerhalb des Unterprogramms wird ein formaler in-Parameter wie eine lokale Konstante des Unterprogramms behandelt. Das bedeutet insbesondere, daß sein Wert innerhalb des Unterprogramms nicht geändert werden kann. Der Wert des formalen Parameters ist der Wert des aktuellen Parameters oder der Vorbesetzung, der jeweils zum Zeitpunkt des Unterprogrammaufrufs berechnet wird. Bei out- und in-out-Parametern muß der aktuelle Parameter eine Variable sein, deren Identität (z.B. bei indizierten Komponenten) zu Beginn des Aufrufs festgestellt wird. Diese Parameter dürfen keine Vorbesetzung haben. Formale out- und in-out-Parameter werden innerhalb des Unterprogramms wie lokale Variable des Unterprogramms gebraucht. Jedoch darf der Wert eines formalen out-Parameters innerhalb des Unterprogramms nicht benutzt werden. Parameter mit Modus in-out werden mit dem Eingangswert des aktuellen Parameters initialisiert. In beiden Fällen wird der Wert des formalen Parameters nach Beendigung des Unterprogramms dem aktuellen Parameter zugewiesen. Da derartige Seiteneffekte bei Funktionen im allgemeinen unerwünscht sind, sind out- und in-out-Parameter für Funktionen verboten.

Diese Definition der Wirkung der *Parameterübergabe* versucht, von den spezifischen Strategien "call by value and result" und "call by reference" zu abstrahieren und einem Übersetzer die Freiheit zwischen beiden Strategien zu lassen, sofern er damit die beschriebene Wirkung erzielt (lediglich für skalare Werte wird "call by value and result" vorgeschrieben). Die Unterschiede dieser verschiedenen Parameterübergabemechanismen sind im allgemeinen nur bei Trickprogrammen sichtbar, die auch aus anderen Gründen nicht vernünftig sind. Die Ausnutzung solcher Unterschiede ist daher in Ada nicht gestattet (obwohl der Übersetzer das nicht nachzuprüfen braucht).

5.1.2 Unterprogrammrumpf

Die Realisierung der Schnittstelle erfolgt auch bei Unterprogrammen im Unterprogrammrumpf, der wie bei Paketen von der Vereinbarung (textuell) getrennt sein kann und auch getrennt übersetzbar ist. Er hat im allgemeinen die Form

procedure Prozedurname (formale Parameter) **is**
   Vereinbarungen
begin
   Anweisungen
end Prozedurname;

bzw.

function Funktionsname (formale Parameter) **return** Ergebnistyp **is**
   Vereinbarungen
begin
   Anweisungen
end Funktionsname;

Dabei sind die Vereinbarungen der Parameter und der eventuell vorhandene Ergebnistyp aus der Vereinbarung textuell exakt identisch zu wiederholen. Dies wird notwendig, da man, wie wir später noch sehen werden, mehrere Unterprogramme mit demselben Namen innerhalb eines Vereinbarungsteils vereinbaren und auch gleichzeitig sichtbar machen kann. Die textuell identische Wiederholung der Vereinbarung ermöglicht die eindeutige Zuordnung zwischen Rumpf und Vereinbarung.

Das Auftreten eines Unterprogrammrumpfs in einem Vereinbarungsteil hat nur die Wirkung, daß der Name des Unterprogramms von da an verwendbar ist. Die Vereinbarungen und Anweisungen des Rumpfs werden jedoch nicht ausgeführt. Dies geschieht erst bei einem Unterprogrammaufruf. Dieser bewirkt die Parameterübergabe an das Unterprogramm und die Abarbeitung von Vereinbarungs- und Anweisungsteil des Unterprogramms. Das Unterprogramm kann durch eine *Return-Anweisung* der Form

return;

für Prozeduren, bzw.

return Ausdruck;

für Funktionen beendet werden. Funktionen dürfen nur auf diese Weise beendet werden. Prozeduren werden nach der Abarbeitung ihres Anweisungsteils auch ohne Return-Anweisung beendet. Nach Beendigung der Unterprogrammausführung erfolgt (im Falle von out- oder in-out-Parametern) die Parameterübergabe an den Unterprogrammaufruf.

Oft ist es für die Programmentwicklung nicht notwendig, die Vereinbarung und den Rumpf voneinander zu trennen (z.B. bei lokalen Unterprogrammen). Dann kann man die Vereinbarung auch weglassen und der erste Teil des Rumpfs dient als Vereinbarung. Man beachte jedoch, daß in Ada immer die Regel gilt, daß Größen (also auch Unterprogramme) textuell vor ihrer Anwendung (z.B. ihrem Aufruf) vereinbart sein müssen. Wenn sich also zwei Unterprogramme gegenseitig aufrufen, so folgt aus dieser Regel, daß für mindestens eines von ihnen eine explizite Vereinbarung angegeben werden muß.

5.1.3 Gültigkeit, Sichtbarkeit, rekursive Unterprogramme

Größen, die innerhalb eines Unterprogramms vereinbart werden, sind nur innerhalb dieses Unterprogramms gültig und sichtbar. Da man in Ada die Vorstellung hat, daß alle Größen durch die (dynamische) Abarbeitung ihrer Vereinbarung ins Leben gerufen werden, lebt also ein lokales Objekt eines Unterprogramms von der Abarbeitung seiner Vereinbarung bis zum Verlassen dieses Unterprogramms. Enthält nun ein Unterprogramm einen Aufruf von sich selbst, so werden seine Vereinbarungen abermals abgearbeitet, und es werden neue Größen ins Leben gerufen. Man nennt solche Aufrufe *rekursive Aufrufe*. Man sagt, daß durch den Aufruf eines Unterprogramms eine Inkarnation dieses Unterprogramms erzeugt wird und daß durch die Abarbeitung von Vereinbarungen durch diese Inkarnation Größen dieser Inkarnation erzeugt werden. Es kann also zu einem Zeitpunkt der Programmabarbeitung mehrere verschiedene Inkarnationen einer Größe geben, von denen jedoch immer nur die zuletzt erzeugte durch einen Namen angesprochen wird.

Statt dieser dynamischen Sichtweise der Programmabarbeitung hat man beim Programmentwurf eine statische Sicht von rekursiven Unterprogrammaufrufen, bei der eine Operation mit bestimmten Parametern entweder für "einfache" Parameter elementar gelöst werden kann oder für "nicht-einfache" Parameter auf dieselbe Operation mit anderen Parametern zurückgeführt werden kann. Wenn bei dieser Zurückführung die Parameter monoton "einfacher" werden und diese Folge durch "einfache" Parameter beschränkt ist, so wird die Rekursion abbrechen und die gewünschte Lösung liefern.

$$\text{Lösung von OP (P)} = \begin{cases} \text{einfach} & \text{-- bei einfachem P} \\ \text{OP1; OP (einfacheres P); OP2} & \text{-- sonst} \end{cases}$$

oder in Prozedurform

```
procedure OP (P : ...) is
begin
  if EINFACH (P) then einfache Lösung;
  else OP1; OP (einfacheres P); OP2;
  end if;
end OP;
```

Die Operationen OP1 oder OP2 können natürlich auch unnötig sein. Der
Ausweg der einfachen Lösung muß jedoch immer da sein, sonst hat man eine
unendliche Rekursion programmiert!

Zwei Beispiele sollen diese Technik verdeutlichen:

```
type GRAD is 0 .. MAX_GRAD;
type TUPEL is array (GRAD) of FLOAT;
function HORNER (X : FLOAT;
                 I : GRAD;
                 A : TUPEL) return FLOAT is
  -- berechne den Polynomwert
  -- A(0) * X**I + A(1) * X**(I-1) +...+ A(I-1) * X + A(I)
  -- HORNER (X, N, A) berechnet also das Polynom N-ten Grades.
  -- Methode: Horner-Schema
begin
  if I = 0 then
      return A (0);
  else return A (I) + HORNER (X, I-1, A) * X;
  end if;
end HORNER;
```

und

```
procedure DRUCKE (I : INTEGER) is
begin
  if I < 0 then
    PUT ('-');
    DRUCKE (abs I);
  else
    if I >= 10 then
      DRUCKE (I/10);
    end if;
    PUT (CHARACTER'VAL (CHARACTER'POS ('0') + I mod 10));
  end if;
end DRUCKE;
```

Nebenbei bemerkt: Operationen zum Drucken von Zahlen (und vielem mehr)
sind unter Verwendung des Paket-Mechanismus in der Sprache vordefiniert
(siehe Kapitel 11).

5.1.4 Operatoren und Überladen von Unterprogrammen

Für den Aufruf von z.B. arithmetischen Operationen gibt es in der
Mathematik und auch in Programmiersprachen üblicherweise die Infix-Schreibweise A + B statt der oben eingeführten Schreibweise beim Funktionsaufruf
PLUS (A, B). Solche Funktionen nennt man *Operatoren.* Sie haben einen oder
zwei Parameter. Neben den in Ada vordefinierten Operatoren können neue definiert werden, jedoch nur solche, die im Symbol und der Parameteranzahl mit
den vordefinierten Operatoren übereinstimmen. Wir hätten also die Funktion
PLUS aus unserem Paket RATIONALE_ZAHLEN auch erklären können durch

function "+" (X, Y : RATIONAL) **return** RATIONAL;

Ein Aufruf dieser Funktion wäre dann sowohl durch die Schreibweise

"+" (A, B)

als auch durch

A + B

möglich. Die Prioritäten bei Infixschreibweise sind immer diejenigen, die auch
für die vordefinierten Operatoren gelten.

Da der *Gleichheitsoperator* "=" für alle Typen bereits definiert ist, kann
man ihn im allgemeinen nicht als Funktionsbezeichner neu definieren. Nur für
Operanden eines limitierten Typs kann man die Gleichheit neu definieren. In
diesem Fall ist verlangt, daß das Funktionsergebnis vom Typ BOOLEAN sein
muß. Die Definition des Gleichheitsoperators führt implizit gleichzeitig zur Definition des Ungleichheitsoperators "/=".

Operatoren werden also in Ada wie gewöhnliche Funktionen aufgefaßt. Um
verschiedene Operatoren mit demselben Bezeichner (z.B. "+" für INTEGER und
"+" für FLOAT) sinnvoll benutzen zu können, müssen sie gleichzeitig sichtbar
sein. Die Möglichkeit, Größen zu vereinbaren, die denselben Bezeichner haben
und an einer Stelle des Programms gleichzeitig sichtbar (durch diesen Bezeichner benennbar) sind, bezeichnet man als *Überladen.* Die Entscheidung, welche
Größe nun mit diesem Namen gemeint ist, muß der Übersetzer anhand des
Kontexts treffen, in dem dieser Bezeichner steht. Das Überladen von Operatoren ist eine in fast allen Programmiersprachen geübte Methode: Der Operator
"+" ist für ganze Zahlen, Gleitpunktzahlen usw. definiert. In Ada wird das
Konzept des Überladens auf alle Unterprogramme ausgedehnt (einschließlich
Aufzählungsliteralen, die in Ada als parameterlose Funktionen angesehen werden). Man kann also Prozeduren und Funktionen nicht nur mit Operatorsym-
bolen, sondern mit beliebigen Bezeichnern gleich benennen. Im Gegensatz zu
anderen Programmiersprachen werden in Ada zahlreiche Kontextinformationen
für die Entscheidung über die Bedeutung eines Namens herangezogen (Parameteranzahl, -typen, -namen und Ergebnistyp). Während im allgemeinen Vereinbarungen einer Größe in geschachtelten Blöcken einander verdecken und

zweimalige Definition einer Größe im gleichen Block nicht erlaubt ist, verdecken zwei Unterprogrammvereinbarungen einander nur dann, wenn sie "ununterscheidbar" sind, d.h. in Parameteranzahl, -typen, -namen und Ergebnistyp übereinstimmen. Andernfalls existieren die Vereinbarungen nebeneinander und werden konkurrierend bei der Auflösung des Überladens herangezogen.

In der natürlichen Sprache ist das Überladen von Wörtern und die Auflösung durch das menschliche Gehirn so selbstverständlich, daß es kaum noch bemerkt wird. Es ist eines der wichtigsten Sprachhilfsmittel, da ohne Überladen die Anzahl der Wörter explodieren würde. Es ist jedoch auch Ursache für Mißverständnisse, weil der Mechanismus für das Auflösen des Überladens nicht eindeutig festgelegt ist. Derartige Mißverständnisse kann man sich beim Programmieren nicht leisten. Sie werden durch die Sprachdefinition und den Übersetzer insoweit vermieden, als die Regeln zur Auflösung eindeutig festgelegt sind und daher alle Übersetzer für ein gegebenes Programm entweder eine eindeutige, wohldefinierte Bedeutung finden oder das Programm als "mehrdeutig" zurückweisen. Dies allein schließt jedoch keinen Mißbrauch des Konzepts aus. Man muß beim Programmieren vor allem bedenken, daß der Programmtext einen Teil der Dokumentation darstellt und vom Menschen lesbar sein muß. Insbesondere muß die Zuordnung von Namen zu deren Bedeutung für den Menschen offensichtlich sein. Man sollte daher das Konzept des Überladens nur sehr wohlüberlegt einsetzen.

5.2 *Anweisungen*

Die Anweisungen eines Blocks oder Unterprogrammrumpfs werden im allgemeinen in der Reihenfolge des Aufschreibens ausgeführt. Um diesen Ablauf zu beeinflussen, gibt es im wesentlichen zwei Anweisungsformen:

- *If-Anweisungen* und *Case-Anweisungen*,
- *Schleifenanweisungen*

Zum strukturierten Programmieren in Ada ist auf der Ebene des Programmierens im Kleinen das Erlernen des umfassenden Gebrauchs If- und Schleifenanweisungen ein wichtiger Schritt. Ohne diesen Schritt wird die in Ada mögliche Steigerung der Produktivität und Verbesserung des Dokumentationswertes der Programme zu einem guten Teil versäumt.

Außer diesen Anweisungen gibt es noch *Blockanweisungen* und *Goto-Anweisungen*. Letztere spielen in Ada kaum eine Rolle. Auf weitere Anweisungen wird in anderen Kapiteln eingegangen, z.B. Zuweisungsanweisung (7.9), Anweisungen zur Prozeßsynchronisation (Kapitel 6), Aufruf und Rückkehr für Unterprogramme (5.1.1, 5.1.2).

In Ada werden alle Anweisungen mit einem Strichpunkt abgeschlossen. Der Strichpunkt ist also hier kein Trenn-, sondern ein Abschlußzeichen. Damit ist es leicht, überall da, wo eine Anweisung stehen kann, auch eine Folge von

Anweisung zu schreiben.

Die *Null-Anweisung*, die keine Aktion bewirkt, wird in Ada durch

null;

wiedergegeben. Sie dient z.B. dazu, nicht benutzte oder noch nicht implementierte Alternativen zu dokumentieren.

5.2.1 *If-Anweisungen*

Wie schon die Beispiele im vorangegangenen Kapitel zeigen, gibt es If-Anweisungen in einer Grundform mit verschiedenen Variationen.
Die Grundform lautet

```
if Bedingung then
   Anweisungsfolge 1
else
   Anweisungsfolge 2
end if;
```

Die Bedingung ist ein boolescher Ausdruck. Liefert der Ausdruck als Ergebnis TRUE, so werden die Anweisungen der ersten Folge, andernfalls die der zweiten Folge ausgeführt. Die Anweisungsfolgen können natürlich selbst wieder If-Anweisungen, Schleifenanweisungen usw. enthalten. Anweisungen können grundsätzlich derart geschachtelt werden.

Wenn nur bei erfüllter Bedingung eine Aktion erforderlich ist, so kann der else-Teil fehlen. Häufig hat man Ketten von Bedingungen:

```
if Bedingung 1 then
   Anweisungsfolge 1
else
   if Bedingung 2 then
     Anweisungsfolge 2
   else
     if Bedingung 3 then
       Anweisungsfolge 3
     else ...
     end if;
   end if;
end if;
```

Die zweite Bedingung wird nur geprüft, wenn die erste Bedingung falsch ist, usw.

Um hier die lästigen end if-Angaben zu sparen, kann man diese Schachtelung zusammenziehen zu

if Bedingung 1 **then**
   Anweisungsfolge 1
elsif Bedingung 2 **then**
   Anweisungsfolge 2
elsif Bedingung 3 **then**

   ...

else ...
end if;

Auch hier kann die else-Alternative entfallen, wenn sie nicht benötigt wird.

Im Sinne der Programmverifikation dienen alle Anweisungen außer Sprüngen dazu, eine Berechnung von einem Zustand, beschrieben durch eine Aussage P, in einen Zustand, beschrieben durch eine Aussage Q, zu bringen. Bei einer If-Anweisung mit Bedingung B zerlegt man die Zustandstransformation in zwei Alternativen:

- Wenn eingangs P und B gilt, dann Transformation durch Anweisungsfolge 1
- Wenn eingangs P, aber nicht B gilt, dann Transformation durch Anweisungsfolge 2.

In jedem Fall möchte man bei einer einheitlichen Schlußaussage Q enden, nicht bei zwei verschiedenen Aussagen, abhängig von der Bedingung B. Sonst wüßte man für die Folgeanweisung nicht, von welchem Anfangszustand diese auszugehen hätte. In der Sprache der Programmverifikation schreibt man diese Regel in der Form

$$\frac{\{\,P\ \textbf{and}\ B\,\}\quad \text{Anweisungsfolge 1}\quad \{Q\} \qquad \{\,P\ \textbf{and not}\ B\,\}\quad \text{Anweisungsfolge 2}\quad \{Q\}}{\begin{array}{l}\{P\}\\ \textbf{if}\ B\ \textbf{then}\\ \quad \text{Anweisungsfolge 1}\\ \textbf{else}\\ \quad \text{Anweisungsfolge 2}\\ \textbf{end if};\\ \{Q\}\end{array}}$$

und liest dies: "Wenn die Transformationsaussagen über dem Strich korrekt sind, dann auch die Transformation unter dem Strich."

Zur Übung formulieren wir eine Prozedur zum Sortieren von fünf ganzen Zahlen mit der minimalen Anzahl von Vergleichen:

```
type FOLGE is array (1 .. 5) of INTEGER;
procedure SORT_5 (A : in out FOLGE) is

   -- eingangs A (1), ..., A (5) beliebig
   -- ausgangs A (1) <= A (2) <= ... <= A (5)
   -- Wir benutzen eine Hilfsprozedur, aber
   -- keine lokalen Objekte:

   procedure TAUSCHE (I, J : in INTEGER) is
     -- vertausche A (I) mit A (J)
     -- A ist global
   H : INTEGER;
   begin
     H := A (I); A (I) := A (J); A (J) := H;
   end TAUSCHE;

begin -- SORT_5
  if A (1) > A (2) then TAUSCHE (1, 2); end if;
  --
  if A (3) > A (4) then TAUSCHE (3, 4); end if;
  --
  if A (2) > A (4) then TAUSCHE (1, 3); TAUSCHE (2, 4); end if;
  --
  if A (2) <= A (5) then
    if A (4) > A (5) then TAUSCHE (4, 5); end if;
  elsif A (1) < A (5) then TAUSCHE (4, 5); TAUSCHE (2, 4);
  else TAUSCHE (4, 5); TAUSCHE (2, 4); TAUSCHE (1, 2);
  end if;
  --
  if A (3) > A (2) then
    if A (3) > A (4) then TAUSCHE (3, 4); end if;
  elsif A (3) > A (1) then TAUSCHE (2, 3);
  else TAUSCHE (2, 3); TAUSCHE (1, 2);
  end if;
  --
end SORT_5;
```

Wie man sieht, muß man höchstens sieben Vergleiche ausführen. Formulieren Sie die gültigen Aussagen über den erreichten Sortierzustand an den durch Kommentare markierten Stellen! Welche Möglichkeiten sehen Sie, durch andersartige Anordnung die Anzahl der aufzuschreibenden Aufrufe von TAUSCHE zu verringern?

Lösung:

    -- A(1) <= A(2)
    -- A(1) <= A(2), A(3) <= A(4)
    -- A(1) <= A(2), A(2) <= A(4), A(3) <= A(4)
    -- A(1) <= A(2), A(2) <= A(4), A(3) <= A(5), A(4) <= A(5)
    -- A(1) <= A(2), A(2) <= A(3), A(3) <= A(4), A(4) <= A(5)

Die Aufrufe TAUSCHE (4, 5); TAUSCHE (2, 4); bzw. TAUSCHE (2, 3); in den beiden
letzten geschachtelten If-Anweisungen lassen sich ausfaktorisieren.

5.2.2 Case-Anweisungen

Die Auswahl unter mehr als zwei Fällen hat häufig die Form

```
if F = K1 then
   Anweisungsfolge 1
elsif F = K2 then
   Anweisungsfolge 2
elsif ...
elsif F = Kn then
   Anweisungsfolge n
else Anweisungsfolge n+1
end if;
```

Dabei ist überall der gleiche Ausdruck F benutzt. Eine solche Situation geben
wir in Ada durch eine oder *Case-Anweisung* wieder. Wir geben gleich die Verifikationsregel an:

    { P and (F = K1) }   Anweisungsfolge 1 {Q}
                    ...
    { P and (F = Kn) }   Anweisungsfolge n {Q}
    { nur K1, ..., Kn sind mögliche Werte von F }
    ───
    {P}
    case F is
    when K1 => Anweisungsfolge 1
    when Kn => Anweisungsfolge n
    end case;
    {Q}

Wenn die Anweisungsfolge für mehrere *Auswahlen* K1, K2, K3,... gleich ist,
können wir auch schreiben

    when K1 | K2 | K2 => Anweisungsfolge

Wenn die Anweisungsfolge für alle Werte K eines Bereichs K1 $<=$ K $<=$ K2 gleich ist, können wir auch schreiben

when K1 .. K2 $=>$ Anweisungsfolge

Wenn die Anweisungsfolge für alle Werte eines (Unter)typs T gleich ist, können wir auch schreiben

when T $=>$ Anweisungsfolge

oder

when T **range** K1 .. K2 $=>$ Anweisungsfolge

Die Schreibweise der Auswahlen in den letzten drei Beispielen nennt man einen *diskreten Bereich*. Sie wird uns noch bei Schleifen und vielen anderen Sprachkonzepten begegnen.

Die sämtlichen Fälle, die wir noch nicht explizit erledigt haben, können wir mit dem reservierten Wort **others** als Auswahl erledigen. Die folgenden Anweisungen sind somit gleichwertig:

```
case NOTE is
   when 1 => PRUEFUNG := BESTANDEN;
   when 2 => PRUEFUNG := BESTANDEN;
   when 3 => PRUEFUNG := BESTANDEN;
   when 4 => PRUEFUNG := BESTANDEN;
   when 5 => PRUEFUNG := NICHT_BESTANDEN;
   when 6 => PRUEFUNG := NICHT_BESTANDEN;
end case;

case NOTE is
   when 1 .. 4  => PRUEFUNG := BESTANDEN;
   when 5 | 6   => PRUEFUNG := NICHT_BESTANDEN;
end case;

case NOTE is
   when 1..4   => PRUEFUNG := BESTANDEN;
   when others => PRUEFUNG := NICHT_BESTANDEN;
end case;

case NOTE is
   when 5 | 6  => PRUEFUNG := NICHT_BESTANDEN;
   when others => PRUEFUNG := BESTANDEN;
end case;
```

Die Reihenfolge, in der wir die Fälle angeben, ist gleichgültig. Das Symbol **others** kann allerdings immer nur in der letzten Alternative erscheinen. Die Auswahlen können überdies auch Formeln sein oder enthalten; diese müssen allerdings zur Übersetzungszeit berechenbar sein. Ferner kann man auch Case-Anweisungen schreiben, bei denen die Fälle nicht durch ganze Zahlen, sondern durch Werte anderer Typen mit diskretem Wertebereich, z.B. BOOLEAN oder CHARACTER, gekennzeichnet sind. Weitere Beispiele solcher diskreter Typen werden wir in Kapitel 7 sehen.

Im Unterschied zu anderen Sprachen, in denen Case-Anweisungen möglich sind, schreibt Ada vor, daß der Übersetzer prüft, daß wirklich alle denkbaren Werte der Auswahlformel erfaßt werden. In unseren Beispielen ist das erfüllt, wenn die Variable NOTE nur die Werte 1 bis 6 annehmen kann, also etwa durch

   NOTE : INTEGER **range** 1 .. 6;

vereinbart ist. Es genügt nicht, wenn sich der Programmierer davon überzeugt hat, daß er dynamisch nur Werte zwischen 1 und 6 zuweist! Sobald jedoch eine others-Alternative angegeben ist, ist diese Einschränkung belanglos, da diese alle weiteren Fälle mit abdeckt. Insoweit sind die letzten beiden Fälle unseres Beispiels allgemeiner als die ersten beiden.

Bezüglich der Wartbarkeit von Programmen sind zwei Aspekte zu bedenken. Die Verwendung der Auswahl others erlaubt eine Erweiterung des Typs der Formel, ohne daß eine Änderung der Case-Anweisung erforderlich wird. Die hinzugekommenen Fälle werden durch die Alternative others mitbehandelt. Von daher erscheint die Verwendung der others-Alternative wartungsfreundlich. Ihre Verwendung wie im dritten Fall des obigen Beispiels wäre jedoch bei einer Erweiterung der Notenskala um die Note "mit Auszeichnung" für einen Studenten, der diese Note erhält, unerfreulich, weil dieser die Prüfung nicht bestanden hätte. In solchen Fällen ist es also zweckmäßig, alle Auswahlen explizit aufzuführen (eventuell durch Bereichsangaben), um derartige Erweiterungen bei der Nachübersetzung durch den Übersetzer gemeldet zu bekommen.

5.2.3 Schleifenanweisungen

Schleifenanweisungen haben die Form

```
loop
   Anweisungsfolge
end loop;
```

der bei Bedarf eine *Wiederholungsvorschrift* von einer der folgenden Formen

for Zähler **in** diskreter Bereich
for Zähler **in reverse** diskreter Bereich
while Bedingung

vorangestellt sein kann. Die ganze Konstruktion kann mit einem Schleifenbezeichner geklammert sein:

SCHLEIFE : Wiederholungsvorschrift **loop** ... **end loop** SCHLEIFE;

um Schleifen in Exit-Anweisungen benennen zu können.

Ein diskreter Bereich hat generell eine der Formen

I .. J
BOOLEAN
CHARACTER **range** 'a' .. 'z'
NOTE'RANGE

wobei natürlich statt BOOLEAN und CHARACTER beliebige diskrete Typen stehen dürfen. Bezüglich des RANGE-Attributs siehe Kapitel 7.9.

Der Bereich wird vom Zähler in aufsteigender, bei **reverse** in fallender Reihenfolge mit Schrittweite 1 durchlaufen. Der Zähler ist eine lokale Größe der Schleifenanweisung, die nur innerhalb der Schleife gültig und sichtbar ist. Er wird durch die Wiederholungsvorschrift vereinbart (tritt also nicht als Objekt in einem Vereinbarungsteil auf). Der Typ des Zählers ist durch den diskreten Bereich gegeben. Innerhalb der Schleife ist der Zähler eine Konstante, an die insbesondere keine Zuweisung erfolgen darf.

Der Schleifenrumpf wird (Obergrenze - Untergrenze + 1)-mal ausgeführt. Ist dieser Wert gleich oder kleiner als null, so wird die Schleife gar nicht ausgeführt.

Die praktisch wichtigste Form der Schleife ist die while-Schleife. Hier wird der Schleifenrumpf solange wiederholt, wie die Bedingung erfüllt ist. Der Schleifenrumpf wird gar nicht ausgeführt, wenn die Bedingung schon beim ersten Test nicht erfüllt ist.

Schleifen ohne Wiederholungsvorschrift können nur durch eine *Exit-Anweisung* der Form

exit;
exit Schleifenbezeichner;
exit when Bedingung;
exit Schleifenbezeichner **when** Bedingung;

beendet werden. Eine solche Exit-Anweisung kann an beliebiger Stelle im Schleifenrumpf stehen und ist auch erlaubt, wenn es Wiederholungsvorschriften gibt. Die erste Form bricht die direkt umfassende Schleife ab und setzt die Programmausführung mit der anschließenden Anweisung fort. Die zweite Form bricht die bezeichnete Schleife ab. Man kann damit auch aus geschachtelten

Schleifen herauskommen. Die beiden letzten Formen sind gleichwertig mit

if Bedingung **then** Exit-Anweisung (erster oder zweiter Form) **end if**;

Für die Verifikation von while-Schleifen überlegt man sich, daß der Schleifenrumpf mehrmals oder auch gar nicht durchlaufen werden kann. Am Ende des Schleifenrumpfs muß daher die Berechnung in einem Zustand mit dem Prädikat P sein, der auch als Anfangszustand der Schleife geeignet ist. Daraus folgt die Verifikationsregel

$$\frac{\{\ P \text{ and } B\ \}\ \text{Anweisungsfolge}\ \{P\}}{\{P\}\ \textbf{while}\ B\ \textbf{loop}\ \text{Anweisungsfolge}\ \textbf{end loop};\ \{\ P\ \text{and not}\ B\ \}}$$

In Worten: "Die Schleife wird ausgeführt, um unter Invarianz der Aussage P die Aussage **not** B zu erreichen". Die Aussage P heißt daher eine *Schleifeninvariante*. Zusätzlich zu dieser Beweisregel muß man noch nachweisen, daß die Schleife in allen Fällen tatsächlich anhält. Das ist gar nicht so einfach, wie das bekannte Beispiel

```
while N > 1 loop
  if N mod 2 = 0 then
    N := N/2;
  else N := 3*N + 1;
  end if;
end loop;
```

zeigt, für das man bis heute nicht weiß, ob die Schleife für beliebige Anfangswerte von N endigt.

Das Auffinden von Schleifeninvarianten ist häufig nicht trivial, insbesondere für den Ungeübten. Hat man jedoch eine gefunden, so läßt sich daraus der Schleifenrumpf leicht herleiten und verstehen. Schleifeninvarianten sind daher wichtige Kommentare für die Dokumentation. Umgekehrt kann man aus besonders großen Schwierigkeiten beim Auffinden von Schleifeninvarianten fast immer auf Fehler im Programm schließen.

Für die anderen Formen der Schleifenanweisung lassen sich ähnliche Schleifeninvarianten angeben.

Beispiele:

Die Funktion Horner lautet iterativ geschrieben

```
type GRAD is 0 .. MAX_GRAD;
type TUPEL is array (GRAD) of FLOAT;
function HORNER (X : FLOAT; A : TUPEL) return FLOAT is
   S : FLOAT := 0;
begin
   for I in GRAD loop
      S := S * X + A (I);
      -- Schleifeninvariante : Übung !
   end loop;
   return S;
end HORNER;
```

Zur effizienten Berechnung von $X^{**}N$ mit $N >= 0$ (ganzzahlig) gehen wir von der Idee aus, das Produkt $Z*(X1^{**}N1)$ konstant gleich $X^{**}N$ zu halten. Falls dann $N1 = 0$ gilt, so ist $Z = X^{**}N$. Dies führt zu der Funktion

```
function HOCH (X : in FLOAT;
                     N : in INTEGER) return FLOAT is
   Z : FLOAT := 1;
   X1 : FLOAT := X;
   N1 : INTEGER := N;
begin
   while N1 > 0 loop
   -- Schleifeninvariante: Z*(X1**N1) = X**N
      if N1 mod 2 = 1 then Z := Z*X1; end if;
      X1 := X1*X1;
      N1 := N1/2;
   end loop;
   return Z;
end HOCH;
```

Aus der Schleifeninvariante und der Tatsache, daß die Schleife anhält, folgt sofort, daß die Funktion korrekt ist, da am Ende $X^{**}N = Z*(A^{**}M) = Z*(A^{**}0) = Z*1 = Z$. Wir brauchen uns also nur noch zu überlegen, daß tatsächlich die Schleifeninvariante durch den Schleifenrumpf nicht verändert wird (Übung). Die Lösung der Übung aus dem Beispiel HORNER lautet übrigens $S = A(0) * X^{**}I +...+ A(I-1) * X + A(I)$.

5.2.4 Blockanweisungen

Das zentrale Strukturierungshilfsmittel für Anweisungsfolgen ist in Ada durch das Unterprogrammkonzept gegeben. *Blöcke* können zwar als parameterlose (nichtrekursive) Prozeduren angesehen werden, die an der Stelle ihrer Aufschreibung aufgerufen werden, sie sind jedoch weniger ein Strukturierungskonzept als ein Hilfsmittel zur Einführung lokaler Größen und zur Beschreibung von Ausnahmebehandlung. Blöcke sind nicht nötig zur Zusammenfassung mehrerer Anweisungen zu einer Anweisung, da in Ada an allen Stellen, wo eine Anweisung stehen darf, auch eine Sequenz von Anweisungen erlaubt ist.
Ein Block hat folgende Form.

```
Blockname :
  declare
    Vereinbarungen
  begin
    Anweisungen
  exception
    Ausnahmebehandlung
  end Blockname;
```

Dabei sind der Blockname (einschließlich des Doppelpunktes), die Vereinbarungen (einschließlich **declare**) und die Ausnahmebehandlung (einschließlich **exception**) jeweils optional. Der Blockname kann innerhalb des Blocks zur qualifizierten Benennung der im Vereinbarungsteil vereinbarten Größen verwendet werden. Die im Vereinbarungsteil vereinbarten Größen sind (wie bei Unterprogrammen) nur innerhalb des Blocks gültig und sichtbar.

5.2.5 Goto-Anweisungen

Goto-Anweisungen haben die Form

```
goto Markenbezeichner;
```

Marken werden definiert, indem man vor die Anweisung, die als Sprungziel dienen soll,

```
<< Markenbezeichner >>
```

schreibt.

Die Schleifen- und Blocknamen, die wir früher kennenlernten, sind nicht als Sprungziele vorgesehen.

Das Sprungziel muß im gleichen Unterprogramm (Paket, Prozeß) wie die Goto-Anweisung liegen. Es ist unzulässig, von außen in die Anweisungsfolge(n) eines Blocks, einer If-Anweisung, einer Case-Anweisung oder einer

Schleifenanweisung zu springen. Auch der Wechsel zwischen den Alternativen einer bedingten Anweisung oder Case-Anweisung ist unzulässig.

Goto-Anweisungen spielen in Ada kaum eine Rolle. In bestimmten Fällen ist es zwar sinnvoll, den Ablauf an einer Stelle beenden und an einer anderen Stelle fortsetzen zu können, jedoch gibt es in Ada für alle diese Fälle spezielle Konzepte, die das goto überflüssig machen. Um z.B. Schleifenanweisungen abzubrechen, gibt es die Exit-Anweisungen, um Unterprogramme zu beenden die Return-Anweisung und auch für die Behandlung von Ausnahmesituationen, die in anderen Sprachen Goto-Anweisungen sinnvoll verwendbar macht, gibt es ein spezielles Konzept. Die Theorie lehrt, daß man überhaupt ohne Goto-Anweisungen auskommen kann.

In den allermeisten Fällen weist eine Goto-Anweisung in einem Ada-Programm daher darauf hin, daß der Programmierer entweder Ada nicht ausreichend beherrscht oder sein Programm nicht mit letzter Konsequenz zu Ende gedacht hat. Letzteres läßt im allgemeinen erwarten, daß man bei der Codeinspektion in der Umgebung der Goto-Anweisung alsbald einen Programmierfehler finden wird. Die Goto-Anweisung selbst muß kein Fehler sein, aber sie ist ein Warnzeichen.

5.2.6 Hinweise zur Programmdokumentation

Programme in Sprachen wie Ada sind in weit höherem Maße selbst dokumentierend als etwa Assembler-Programme. Trotzdem muß zusätzlich für eine ausreichende Kommentierung gesorgt werden. Als Richtlinien hierfür haben sich bewährt:

- bei Unterprogrammspezifikationen:
  - Beschreibung des Anfangs- und Endzustands
  - Angabe der etwa benutzten globalen Größen
  - Angabe der möglichen Fehlersituationen
- Zu Beginn des Unterprogrammrumpfs steht bei Bedarf eine Beschreibung des Lösungswegs.
- Bei allen Objektvereinbarungen steht, wofür das Objekt benutzt wird, es sei denn, das ergibt sich aus seinem mnemotechnischen Namen oder es handelt sich um eine triviale Hilfsgröße.
- Den Anweisungen sind die für die Verifikation erforderlichen Aussagen über den Zustand vor und nach der Anweisung (Vorbedingung und Nachbedingung der Anweisung) beigefügt. Insbesondere fehlen Schleifeninvarianten höchstens bei ganz trivialen for-Schleifen.

Wie in allen anderen Programmiersprachen gilt auch hier, daß die Dokumentation während und nicht nach der Programmerstellung fällig ist und daß sie mit jeder Programmänderung peinlich genau fortgeschrieben werden muß.

Die Lesbarkeit von Ada-Programmen wird durch eine entsprechende Formatierung des Programmtexts erheblich erhöht. Will man sich zurechtfinden, so müssen insbesondere alle Klammerkonstruktionen, wie declare-begin-end, if-then-else-end if usw. untereinander stehen, sofern sie nicht auf die gleiche Zeile passen. Die Anweisungen oder Vereinbarungen zwischen diesen Symbolen werden eingerückt, beispielsweise um weitere drei Zeichen. Das Referenzmanual und dieses Skriptum zeigen Beispiele für die Anwendung solcher Einrückregeln. Die Einrückung läßt sich auch nachträglich durch Schöndruck-Programme, sogenannte Formatierer, erreichen. Es ist an Hochschulen nicht unüblich, daß die Beratung von Studenten verweigert wird, weil ihre Programme mangels sinnvoller Einrückung nur schwer lesbar sind!

6. PROZESSE UND PARALLELER KONTROLLFLUSS

Ein *Prozeßobjekt* (task) in Ada ist eine Programmeinheit, die nach der Aktivierung einen selbständigen und sequentiellen Ablauf ergibt, der zeitlich weitgehend unabhängig von dem umgebenden Programm abläuft. Wir werden im folgenden den Begriff 'Prozeß' auch für den Ablauf und das dazugehörende Objekt verwenden, solange wir zwischen beiden nicht streng unterscheiden müssen.

Der Einsatz von parallel ablaufenden Teilaufgaben bei der Programmierung von Softwaresystemen erfolgt auf Grund von drei Ursachen:

- Beim Entwurf bietet sich der Einsatz von Prozessen zur Lösung der Teilaufgaben an.
- Die technischen Vorgaben für das Softwaresystem erzwingen den Einsatz von parallelen Abläufen.
- Auf Grund der Effizienzanforderungen ist es notwendig, Aktivitäten parallel ablaufen zu lassen.

Beim Entwurf können wir drei Fälle unterscheiden, die die Verwendung von parallelen Abläufen nahelegen. Falls mehrere Teilaufgaben funktionell unabhängig voneinander ablaufen, kann jede Teilaufgabe auf einen Prozeß abgebildet werden. Die Gesamtaufgabe ist dann erledigt, wenn alle Teilaufgaben parallel abgearbeitet sind. In gängigen Programmiersprachen werden die Teilaufgaben oft sequentiell hintereinander abgearbeitet. Die Teilaufgaben können auch miteinander kommunizieren, z.B. mittels eines Kanals (pipe), wobei eine Teilaufgabe Daten produziert, die dann von der nächsten konsumiert werden. Solche Aufgaben lassen sich mit Hilfen von Prozessen besser beschreiben als in sequentiellen Sprachen. Schließlich können die Teilaufgaben auch konkurrierend sein, d.h. zur Lösung der Gesamtaufgabe ist es notwendig, daß mindestens eine Teilaufgabe eine Lösung findet. Falls es nicht möglich ist vorherzusagen, welche Teilaufgabe die Lösung findet, so werden alle möglichen Wege zu der Lösung parallel aktiviert und auf das Auffinden einer Lösung gewartet (Breitensuche).

Im Bereich der Realzeitprogrammierung können die technischen Vorgaben den Einsatz von parallelen Abläufen notwendig machen. Typische Beispiele hierfür sind Gerätetreiber, die normalerweise inaktiv warten, bis ein Geräteinterrupt kommt, auf den sie dann reagieren. Da nicht vorhersehbar ist, welche Interrupts kommen, muß das Programm seinen normalen Ablauf unterbrechen können und einen anderen Prozeß, der auf den Interrupt reagiert, aktivieren. Außerdem benutzt man üblicherweise noch Prioritäten für die einzelnen Prozesse, um in Notfällen (z.B. Alarmmeldungen, Stromausfall) noch die erforderlichen Aktionen durchführen zu können.

Ein weiterer Gesichtspunkt zum Einsatz von Parallelität ist Effizienz. Auf Mehrprozessoranlagen kann eine Aufgabe in kürzerer Zeit erledigt werden, falls Teilaufgaben auf die verschiedenen Prozessoren verteilt werden und diese

Teilaufgaben einander nicht stören (z.B. Zugriff auf verschiedene Daten). Auch für Einprozessoranlagen gilt, daß Ein-/Ausgabe (in Ada) normalerweise synchron erfolgt, d.h. ein sequentielles Programm wartet, bis sein EA-Auftrag vollständig erfüllt ist. Diese EA-Wartezeiten können durch andere Prozesse überbrückt werden, falls diese nicht auf die Daten angewiesen sind. Solche Effizienzgesichtspunkte entscheiden in der Entwurfsphase mit, ob ein Ablauf sequentiell (also als Unterprogramm) oder parallel (also als Prozeß) in Ada implementiert wird.

Zwei Prozesse P1 und P2 können einander auf folgende Weisen beeinflussen:

- Sie benutzen *synchrone Kommunikation.*
- Einer der beiden Prozesse P2 ist ein Unterprozeß des anderen Prozesses P1. Dann wartet unter bestimmten Umständen P1 auf die Beendigung von P2.
- Beide greifen auf gemeinsame Objekte zu und kommunizieren, indem sie über solche Objekte Information austauschen (*shared variables*).

Unter synchroner Kommunikation zweier Prozesse P1, P2 verstehen wir hier, daß P1 ein Signal, einen sogenannten *Eingangsaufruf* (entry call), an P2 sendet und die weitere Programmausführung unterbricht, bis P2 ein Empfangssignal sendet, das im Programm durch eine Accept-Anweisung wiedergegeben wird. Kommt umgekehrt P2 zuerst an eine Accept-Anweisung, so wartet dieser Prozeß solange, bis ein anderer Prozeß einen dazu passenden Eingangsaufruf abgibt. Beide Prozesse warten also wechselseitig aufeinander und führen dann eine Anweisungsfolge A "gemeinsam" aus. Man nennt diese Technik daher auch *Rendezvous-* oder Hand-Shaking-Technik. Die gemeinsam ausgeführte Anweisungsfolge A findet sich im Rumpf des Prozesses P2, und zwar handelt es sich um die Accept-Anweisung.

Sieht man vom Zeitverhalten ab, so verhält sich aus der Sicht des Prozesses P1 ein Eingangsaufruf wie ein Unterprogrammaufruf.

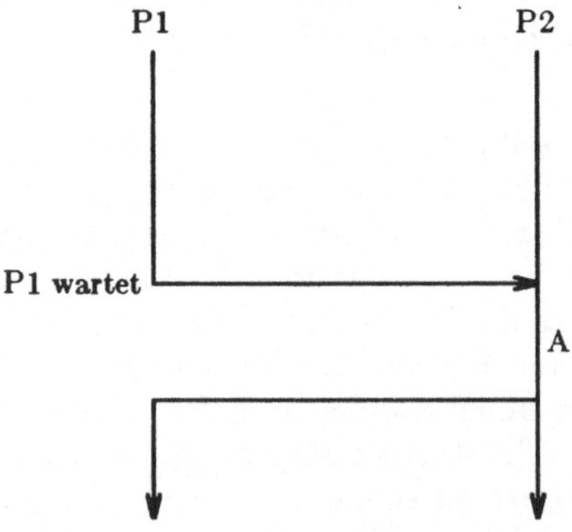

Er kann daher auch mit Parametern versehen werden. Der Prozeß P2 hat für P1 im wesentlichen das Aussehen eines Pakets, wobei allerdings nur Eingänge nach außen zur Verfügung gestellt werden. Aus Gründen, die wir noch sehen werden, wird eine Prozeßvereinbarung allerdings nicht analog einer Paketvereinbarung behandelt, sondern als Typvereinbarung aufgefaßt.

In den Anforderungen zur Definition von Ada ging man davon aus, daß es für Ada-Benutzer sinnvoll sei, wenn man ihnen ein verhältnismäßig präzises Modell für die Kommunikation zwischen Prozessen vorgibt. Hier entstand die vorstehend skizzierte Methode der Prozeßorganisation. Will man jedoch Ada als Implementierungssprache für ein nach anderen Gesichtspunkten entworfenes System einsetzen, z.B. ein System, in dem Prozesse über Semaphore und asynchrone Kommunikation verknüpft sind, so benötigt man außer der Möglichkeit der Prozeß-Aktivierung nur wenige der für Prozesse vorgesehenen Sprachelemente.

Das Warten auf die Erfüllung eines Eingangsaufrufs kann interpretiert werden wie das Warten auf den Eintritt einer externen Programmunterbrechung. Wir werden in Kapitel 10 sehen, daß es Möglichkeiten gibt, den Eingängen eines (externen) Prozesses Adressen zuzuordnen, die den Unterbrechungsadressen der Hardware entsprechen. Auch die von der Hardware gelieferte Unterbrechungsursache läßt sich mit Sprachhilfsmitteln interpretieren.

6.1 Vereinbarung und Rumpf eines Prozesses

Im allgemeinen wird ein Prozeß ähnlich einem Paket in zwei Schritten vereinbart: Zunächst gibt man eine *Prozeßtyp*-Definition an, die den Prozeßtypbezeichner und mögliche Eingänge spezifiziert. Im Prozeßrumpf wird die Anweisungsfolge für den auszuführenden sequentiellen Prozeß angegeben. Der Prozeßrumpf kann lokale Vereinbarungen für den Prozeß enthalten. Er enthält ferner Accept-Anweisungen, die den Eingängen zugeordnet sind. Wenn ein anderer Prozeß einen Eingang aufruft, wird er mit der nächsten Accept-Anweisung zu diesem Eingang synchronisiert.

Syntaktisch haben die *Prozeßvereinbarung* und der *Prozeßrumpf*, die beide im gleichen Vereinbarungsteil vorkommen müssen, folgende Form:

```
task type Prozessbezeichner is
    Vereinbarung von Eingängen
end Prozessbezeichner;


task body Prozessbezeichner is
  Vereinbarungsteil
begin
  Anweisungsfolge
  bei Bedarf Ausnahmebehandlung
end Prozessbezeichner;
```

Die Prozeßbezeichner nach dem **end** sind jeweils optional. Bei einem Prozeß-Typ ohne Eingänge lautet die Vereinbarung lediglich

task type Prozessbezeichner;

Ein Beispiel einer Prozeßvereinbarung samt zugehörigem Rumpf ist

```
task type VERBRAUCHER is
    -- ELEMENT ist ein globaler Typ
    entry EINGABE (X : in ELEMENT);
end VERBRAUCHER;

task body VERBRAUCHER is
begin
  loop
    accept EINGABE (X : in ELEMENT) do
      -- verarbeite Eingabe X
    end EINGABE;
  end loop;
end VERBRAUCHER;
```

6.2 Prozeßobjekte, ihre Aktivierung und Terminierung

Prozeßobjekte können auf drei Weisen gebildet werden:

- Will man überhaupt nur ein einziges Objekt zu einem Prozeßtyp bilden, so koppelt man die Objektvereinbarung mit der Typspezifikation.
- Will man eine feste Anzahl von Prozessen einführen, so vereinbart man Objekte eines gegebenen Prozeßtyps oder Verbunde oder Reihungen mit Gliedern dieses Typs.
- Will man eine beliebige Anzahl von Objekten des Prozeßtyps aktivieren, so bildet man zu ihm einen Zugriffstyp und schafft durch einen Allokator entsprechende anonyme Prozesse.

Die Vereinbarung eines Prozeßobjektes ohne vorherige Typvereinbarung hat eine ähnliche Form wie die Prozeßtypvereinbarung, lediglich das reservierte Wort **type** wird weggelassen:

task VERBRAUCHER **is** ...

Die zweite Weise ergibt sich aus einem der folgenden drei Fälle:

```
-- Fall 1
T, T1 : VERBRAUCHER;        -- benannter Prozeß

-- Fall 1
type TV is
  record

    ...

    T : VERBRAUCHER;

    ...

  end record;
TTV : TV;/-- Verbund mit Verbraucher als Komponente

-- Fall 1
type TR is array (INTEGER range <>) of VERBRAUCHER;
TTR : TR (1..5);    -- 5 Verbraucher in einer Reihung
```

Die dritte Weise braucht eine Zugriffstypvereinbarung:

```
type AV is access VERBRAUCHER;
type TA is access TV;
TAV : AV;
TTA : TA;
...
TAV := new VERBRAUCHER;        -- anonymer Prozeß, Zugriff in TAV
TTA := new TV;                 -- anonymer Verbund mit Verbraucher
                               -- als Komponente
```

Werden in einem Vereinbarungsteil Prozeßobjekte vereinbart (wie in den ersten zwei Weisen), dann werden alle diese Prozesse *aktiviert*, bevor die erste Anweisung des zu dem Vereinbarungsteils gehörenden Rumpfs ausgeführt wird. Damit können diese Prozesse parallel zu dem aktivierenden Programm arbeiten. Wird ein Prozeßobjekt jedoch durch einen Allokator erzeugt, dann wird er damit auch gleichzeitig aktiviert und kann dann parallel zu dem erzeugenden Prozeß ablaufen.

Ein Prozeßobjekt führt sequentiell die Anweisungen des durch den Typ gegebenen Prozeßrumpfs aus. Der Prozeß ist beendet, wenn das Ende des Rumpfs erreicht ist (oder eine Terminate-Anweisung ausgewählt wird, vgl. 6.5). Während dieses Ablaufs können Synchronisationsanweisungen erreicht werden, die den gerade laufenden Prozeß mit Ereignissen anderer Prozesse oder mit einer Uhr (vgl. 6.4) koordinieren sollen. Diese Anweisungen werden in den nächsten Abschnitten besprochen.

In einem Ada-Prozeßsystem gibt es darüberhinaus auch *implizite Synchronisationspunkte*. Sie sollen verhindern, daß, z.B. durch vorzeitiges Verlassen von Blöcken, Größen ungültig werden, die von lokalen Prozessen des Blocks unter Umständen noch benutzt werden. Um dies exakter beschreiben zu können, definieren wir, welche Prozesse von einer gegebenen Programmeinheit abhängen:

- Als umschließende Programmeinheit (Vatereinheit) für Prozesse kommen Blöcke, Unterprogrammrümpfe, Prozeßrümpfe und Bibliothekspakete in Frage. Lokale Pakete werden nicht betrachtet, weil Objekte eines solchen Paketes den gleichen Gültigkeitsbereich haben wie die umschließende Einheit des Paketes.
- Ein Prozeßobjekt, das durch einen der beiden ersten Fälle, also durch normale Vereinbarung, vereinbart und aktiviert wurde, ist abhängig von der Vatereinheit, die die Vereinbarungsstelle umschließt.
- Ein Prozeßobjekt, das dynamisch durch einen Allokator erzeugt wurde, wie im dritten Fall, ist abhängig von der Vatereinheit, die die Vereinbarungsstelle des Zugriffstyps umschließt, auf den sich der Allokator bezieht.

Eine implizite Synchronisation findet nun zwischen einem Prozeß und seinen abhängigen Prozessen statt: die Abarbeitung einer Vatereinheit kann nicht abgeschlossen werden, wenn nicht alle abhängigen Prozesse dieser Vatereinheit beendet sind (oder ihre Beendigung erwünschen, vgl. 6.5). Eine Ausnahme bilden Bibliotheks-Pakete. Das bedeutet, daß der Prozeß, der die Vatereinheit abarbeitet, auf das Ende der abhängigen Prozesse warten muß.

Eine mögliche Weise, den parallelen Ablauf der Prozesse zu steuern, stellen *Prioritäten* dar. Prozesse mit höherer Priorität werden bei der Vergabe der Betriebsmittels bevorzugt.
Prioritäten von Prozessen werden in Ada mit:

    pragma PRIORITY (Prioritätswert);

gesetzt. In technischen Anwendungen ist dies insbesondere für Geräteprozesse (Treiber) notwendig, da diese die Geräte schnell bedienen sollen.

6.3 Eingänge und Accept-Anweisungen

Wie wir schon am Beispiel gesehen haben, hat die Vereinbarung eines *Eingangs* syntaktisch die gleiche Form wie eine Prozedurvereinbarung, wenn man das reservierte Wort **procedure** durch das reservierte Wort **entry** ersetzt. Mehrere Eingänge mit gleicher formaler Parameterliste kann man zu einer *Eingangsfamilie* zusammenfassen, die sich im Gebrauch wie eine einstufige Reihung von Eingängen verhält:

    entry Eingangsname (Indexbereich);

oder

    entry Eingangsname (Indexbereich) (formale Parameterliste);

Der Indexbereich wird wie bei Reihungen angegeben.

Der *Eingangsaufruf* hat syntaktisch die gleiche Form wie ein Prozedur-Aufruf. Auf den Namen des Eingangs folgt gegebenenfalls eine Liste von Argumenten, die wie bei Prozeduraufrufen den formalen Parametern in der Definition des Eingangs zugeordnet werden. Da ein Aufruf eines Eingangs E in einem Prozeß des Prozeßtyps T stets aus einem anderen Prozeß kommen muß, und da es mehrere Prozesse des gleichen Typs T geben kann, müssen wir im Aufruf eines Eingangs den Namen des Eingangs stets mit einem Namen qualifizieren, über den wir den Prozeß identifizieren können. Bezogen auf die verschiedenen Prozesse, die wir in 6.2 für den Prozeßtyp VERBRAUCHER eingeführt haben, ergeben sich also folgende Aufrufmöglichkeiten für den Eingang EINGABE:

```
T.EINGABE (X);
TTV.T.EINGABE (X);
TTR (2).EINGABE (X);
TAV.EINGABE (X);
TTA.T.EINGABE (X);
```

Gehört der Eingang zu einer Eingangsfamilie, so folgt beim Aufruf auf den Namen des Eingangs noch ein Index.

In der *Accept-Anweisung* folgt auf das reservierte Wort **accept** der (bei Eingangsfamilien indizierte) Bezeichner des Eingangs. Ferner wird, falls vorhanden, die komplette formale Parameterliste des Eingangs aus der Vereinbarung wiederholt. Anschließend folgt geklammert mit den reservierten Wörtern **do** und **end** die nach unserer früheren Erklärung von aufrufendem und aufgerufenem Prozeß gemeinsam auszuführenden Anweisungen. Beabsichtigen wir mit dem Aufruf eines Eingangs nur zwei Prozesse zeitlich aufeinander abzustimmen, so entfällt der do-end-Teil der Accept-Anweisung, da keine gemeinsamen Anweisungen auszuführen sind. In diesem Fall besteht der Gesamteffekt des Aufrufs des Eingangs lediglich in der zeitlichen Synchronisation.

Generell kann ein Prozeßrumpf mehrere Accept-Anweisungen auf einen Eingang haben. Ein Eingangsaufruf wird dann über das nächste accept bedient, das zur Ausführung ansteht (siehe z.B. die Behandlung von LESEN_ANFANG der task UEBERWACHUNG in Kapitel 6.8). Damit besteht die Möglichkeit, abhängig vom Zustand des Prozesses einen Eingang zu bedienen.

Die folgenden *Attribute* liefern Informationen über den Zustand eines Prozesses bzw. seiner Eingänge:

```
Prozeßobjekt'CALLABLE        -- liefert einen booleschen Wert
Prozeßobjekt'TERMINATED      -- liefert einen booleschen Wert
Eingang'COUNT                -- liefert einen Wert vom Typ integer
```

Mit CALLABLE erfährt man, ob ein Prozeß noch einen Eingang bedienen kann. Ein Prozeß ist TERMINATED, falls er seinen Ablauf beendet hat (das Ende der Anweisungen erreicht hat). COUNT liefert die Anzahl von noch anstehenden Aufrufen für einen Eingang.

6.4 Delay-Anweisungen

Will man einen Prozeß für eine bestimmte Zeitspanne f verzögern, so schreibt man die *Delay-Anweisung*

delay F;

Der Ausdruck F liefert die Verzögerungszeit in Sekunden. Er ist vom vordefinierten Festpunkttyp DURATION.

Will man einen Prozeß bis zu einem festgelegten Zeitpunkt in echter Zeit verzögern, so muß man setzen

F := gewünschter Zeitpunkt - gegenwärtiger Zeitpunkt;

Um diese Berechnung auszuführen, gibt es ein vordefiniertes Paket mit der folgenden Schnittstelle

```
package CALENDAR is
  type TIME is private;
  subtype YEAR_NUMBER is INTEGER range 1901..2099;
  subtype MONTH_NUMBER is INTEGER range 1..12;
  subtype DAY_NUMBER is INTEGER range 1..31;

  function CLOCK return TIME;
    ...
  function "+" (LEFT : TIME; RIGHT : DURATION) return TIME;
  function "+" (LEFT : DURATION; RIGHT : TIME) return TIME;
  function "-" (LEFT : TIME; RIGHT : DURATION) return TIME;
  function "-" (LEFT : TIME; RIGHT : TIME) return DURATION;
    ...
end CALENDAR;
```

Die Implementierung der Funktion CLOCK setzt eine Echtzeituhr auf der verwendeten Maschine voraus.

Das Paket CALENDAR enthält darüberhinaus Operationen, die es gestatten, Objekte des private Typs TIME aufzubauen oder in die einzelnen Komponenten Jahr, Monat, Tag und Sekunden zu zerlegen. Ebenso sind Vergleichsoperationen für Zeiten vorhanden. Der Typ DURATION zur Angabe von Sekunden ist im Paket STANDARD (vgl. Kapitel 11) definiert. Seine Genauigkeit muß von einer Ada-Implementierung bestimmt werden.

6.5 Select-Anweisungen

Die *Select-Anweisung* dient einem der folgenden Zwecke:

- einen Eingangsaufruf abzusetzen, falls er sofort bedient werden kann,
- einen Eingangsaufruf abzusetzen, falls er in einer bestimmten Zeitspanne bedient werden kann,
- mehrere Alternativen von Accept-, Delay- oder Terminate-Anweisungen von Prozessen anzugeben, von denen die erstmögliche ausgeführt wird.

Der *bedingte Eingangsaufruf* hat die Form

```
select
    Eingangsaufruf  optionale Anweisungsfolge
else
    alternative Anweisungsfolge
end select;
```

Der Eingangsaufruf wird ausgeführt, wenn das Rendezvous sofort möglich ist, andernfalls wird die alternative Anweisungsfolge ausgeführt. Der *befristete Eingangsaufruf* hat die Form

```
select
    Eingangsaufruf  optionale Anweisungsfolge
or
    Delay-Anweisung  optionale Anweisungsfolge
end select;
```

Der Eingangsaufruf wird ausgeführt, wenn er in der durch die Delay-Anweisung spezifizierte Zeitspanne möglich ist. Sonst wird die der Delay-Anweisung folgende optionale Anweisungsfolge ausgeführt. Die *selektive Warte-Anweisung* hat im allgemeinsten Fall die Form

```
select
    when Bedingung => selektive Warte-Alternative
or when Bedingung => selektive Warte-Alternative
    ...
else
    alternative Anweisungsfolge
end select;
```

Unter einer selektiven Warte-Alternative verstehen wir hierbei entweder eine Accept-Anweisung oder eine Delay-Anweisung, jeweils gefolgt von einer optionalen Anweisungsfolge, oder die *Terminate-Anweisung*

```
terminate;
```

In der Anweisung kann eine Bedingung **when** TRUE => weggelassen werden. Auch die else-Alternative kann fehlen.

Eine selektive Warte-Anweisung wird ausgeführt, indem man zunächst alle Bedingungen berechnet. Eine Alternative mit erfüllter Bedingung heißt *offen*, eine Alternative mit nicht erfüllter Bedingung heißt *geschlossen*. Sind alle Alternativen geschlossen, so wird, falls vorhanden, die else-Alternative ausgeführt. Fehlt diese, so wird die Ausnahme PROGRAM_ERROR ausgelöst. Sind Alternativen mit Accept-Anweisungen offen und sind für irgendwelche dieser Anweisungen Rendezvous sofort möglich, so wird eine beliebige dieser Alternativen gewählt und die Accept-Anweisung samt etwa folgender Anweisungsfolge ausgeführt. Ist kein Rendezvous sofort möglich und gibt es eine Delay-Alternative, so wird längstens für die Dauer der dort angegebenen Zeitspanne gewartet, um doch noch ein Rendezvous auszuführen. Danach wird gegebenenfalls die Anweisungsfolge der Delay-Alternative ausgeführt. Gibt es keine solche Delay-Alternative, so kann das Warten auf ein Rendezvous unbeschränkt lange dauern; die Delay-Alternative dient also dazu, die Wartezeit zu begrenzen, um danach eine "time-out"-Bedingung zu setzen.

In einer selektiven Warte-Anweisung kann es höchstens eine Terminate-Alternative geben. Diese beendigt den Prozeß, aber nur für den Fall, daß die Programmeinheit, von der dieser Prozeß abhängig ist, und alle anderen davon abhängigen Prozesse bereits auf das Ende warten.

Die selektive Warte-Anweisung stellt eine Reihe von Alternativen (Accept-, Delay- und Terminate-Alternative) gleichrangig nebeneinander; welche von den offenen Alternativen gewählt wird, ist beliebig und wird durch die Implementierung, nicht durch die Sprache bestimmt.

6.6 *Einwirkung auf andere Prozesse bei Fehlern*

Will man einen anderen Prozeß unter allen Umständen abbrechen, z.B. weil er sich in einer endlosen Schleife befindet oder auf eine Synchronisationsbedingung wartet, die nicht mehr erfüllt werden wird, so erreicht man dies durch die *Abort-Anweisung*

abort Taskname;

Diese Anweisung sollte nur in extremen Fehlersituationen benutzt werden. Ihre Implementierung benötigt beträchtlichen Aufwand, da der abgebrochene Prozeß eventuell aus verschiedenen Warteschlangen entfernt und in der Folge weitere abhängige Prozesse abgebrochen werden müssen.

Sollte ein Prozeß einen Eingangsaufruf für einen anderen Prozeß absetzen, der entweder bereits beendigt ist oder beendigt wird, bevor er den Eingangsaufruf akzeptiert, so löst dies beim aufrufenden Prozeß die vordefinierte Ausnahme TASKING_ERROR aus.

6.7 Zum Gebrauch von Prozessen

Beim Gebrauch von Prozessen in Ada können wir schematisch zwei Situationen unterscheiden:

- Die beiden Prozesse verhalten sich wie aktive Systemkomponenten. Dies ist etwa bei unserem vorigen Beispiel des Verbraucher-Prozesses und einem etwa dazugehörigen Erzeuger-Prozeß der Fall.
- Der Prozeß verhält sich eher passiv und modelliert eine Datenstruktur, die von anderen, aktiven Prozessen Eingangsaufrufe erhält.

Diese zweite Form erlaubt die Lösung zahlreicher Probleme, die zunächst mit Hilfe der Rendezvous-Technik nur schwer lösbar erscheinen. Zum Beispiel formuliert man in Ada *Semaphore* und die zugehörigen bekannten P- und V-Operationen als Prozeßtyp mit der Vereinbarung

```
task type SEMAPHOR is
   entry P;
   entry V;
end SEMAPHOR;
```

Wenn ein solches Semaphor zur Sperrsynchronisierung (gegenseitiger Ausschluß) benutzt werden soll, so lautet der zugehörige Rumpf

```
-- binäres Semaphor
task body SEMAPHOR is
   BELEGT : BOOLEAN := FALSE;
begin
   loop
      select
         when    not BELEGT =>
                 accept P do BELEGT := TRUE; end;
      or
                 accept V do BELEGT := FALSE; end;
      or
                 terminate;
      end select;
   end loop;
end SEMAPHOR;
```

Der Programmierer ist also falsch beraten, wenn er bei einem Prozeß in einem Ada-Programm immer gleich an einen selbständigen Prozeß im Sinne des Betriebssystems mit eigenem Adreßraum denkt.

Auch Aufgaben, die man abstrakt mit *Monitoren* [Hoare] formulieren würde, werden in Ada mit Prozessen erledigt. So kann man den obigen Verbraucherprozeß leicht um einen Puffer in Form einer Schlange nach dem Muster des Beispiels erweitern. Wenn es nur einen Produzenten gibt, könnte man diesen

Puffer genauso gut beim Produzenten halten. Sobald aber mehrere Produzenten und mehrere Verbraucher existieren, gliedern wir den Puffer als selbständigen Prozeß aus und gelangen damit zu folgender Lösung:

```
task PUFFER_VERWALTUNG is
  entry EINGABE (X : ELEMENT);
  entry AUSGABE (X : out ELEMENT);
end PUFFER_VERWALTUNG;

task body PUFFER_VERWALTUNG is
  LAENGE : constant NATURAL := 100;
  PUFFER : array (1..LAENGE) of ELEMENT;
  PA, PE : NATURAL range 1..LAENGE := 1;
  PEGEL  : NATURAL range 0..LAENGE := 0;
begin
  loop
    select
    when PEGEL < LAENGE =>
      accept EINGABE (X : ELEMENT) do
        PUFFER (PE) := X;
      end EINGABE;
      if PE = LAENGE then
        PE := 1;
      else
        PE := PE + 1;
      end if;
      PEGEL := PEGEL + 1;
    or when PEGEL > 0 =>
      accept AUSGABE (X : out ELEMENT) do
        X := PUFFER (PA);
      end AUSGABE;
      if PA = LAENGE then
        PA := 1;
      else
        PA := PA + 1;
      end if;
      PEGEL := PEGEL - 1;
    or terminate;
    end select;
  end loop;
end PUFFER_VERWALTUNG;
```

6.8 *Beschreibung eines Leser-Schreiber-Problems in Ada*

Wenn verschiedene Benutzer innerhalb eines Systems auf Daten zugreifen, entweder lesend, d.h. ohne Veränderung des Datensatzes, oder schreibend, d.h. sie verändern den Datensatz, muß zur Vermeidung von Inkonsistenzen gewährleistet sein, daß ein schreibender Zugriff nur dann erfolgen kann, wenn nicht zur selben Zeit Daten gelesen werden. Ferner sollte nur stets ein schreibender Zugriff möglich sein, während ein lesender Zugriff gleichzeitig durch mehrere Benutzer möglich sein sollte. Ferner ist darauf zu achten, daß weder lesende noch schreibende Benutzer bevorzugt behandelt werden.

```ada
package LESER_SCHREIBER is
  procedure LIES (X : out ELEMENT);
  procedure SCHREIBE (X : ELEMENT);
end LESER_SCHREIBER;


package body LESER_SCHREIBER is
  SPEICHER : ELEMENT;     -- zur Vereinfachung sei
                          -- nur ein Wert möglich
  task UEBERWACHUNG is
    entry LESEN_ANFANG;
    entry LESEN_ENDE;
    entry SCHREIBEN;
  end UEBERWACHUNG;
  procedure LIES (X : out ELEMENT) is separate;
  procedure SCHREIBE (X : ELEMENT) is separate;
  task body UEBERWACHUNG is separate;
end LESER_SCHREIBER;


separate (LESER_SCHREIBER)
procedure LIES (X : out ELEMENT) is
begin
  UEBERWACHUNG.LESEN_ANFANG;
  X := SPEICHER;
  UEBERWACHUNG.LESEN_ENDE;
end LIES;


separate (LESER_SCHREIBER)
procedure SCHREIBE (X : ELEMENT) is
begin
  UEBERWACHUNG.SCHREIBEN (X);
end SCHREIBE;
```

```
separate (LESER_SCHREIBER)
task body UEBERWACHUNG is
 ANZAHL_LESER : NATURAL := 0
begin
 loop
   select
   when SCHREIBEN'COUNT = 0 =>
       -- nur falls keine Anforderung auf
       -- einen schreibenden Zugriff vorliegt
     accept LESEN_ANFANG;
     ANZAHL_LESER := ANZAHL_LESER + 1;
   or
       -- Beenden eines lesenden Zugriffs
       -- wird immer entgegengenommen
     accept LESEN_ENDE;
     ANZAHL_LESER := ANZAHL_LESER - 1;
   or when ANZAHL_LESER = 0 =>
       -- falls kein lesender Zugriff
       -- durchgeführt wird
     accept SCHREIBEN (X : ELEMENT) do
       SPEICHER := X;
     end SCHREIBEN;
       -- falls Anforderungen auf lesenden Zugriff
       -- vorliegen, werden diese alle unmittelbar ausgeführt
     loop
       select
         accept LESEN_ANFANG;
           ANZAHL_LESER := ANZAHL_LESER + 1;
       else
         exit;
       end select;
     end loop;
   or terminate;
   end select;
 end loop;
end UEBERWACHUNG;
```

7. VORDEFINIERTE TYPEN, OBJEKTE UND OPERATIONEN

Wir haben bereits bei der Einführung von Paketen Größen im wesentlichen in Typen, Objekte und Operationen unterteilt. Mit Paketen und Unterprogrammen haben wir Möglichkeiten kennengelernt, um Typen, Objekte und Operationen auf hoher Abstraktionsebene aus elementareren Größen zusammenzusetzen. In diesem Kapitel sollen die in Ada vordefinierten Größen vorgestellt werden.

Die Begriffe des abstrakten Datentyps und der Exemplarbildung sind auf dieser Ebene ebenfalls anwendbar. Auch die vordefinierten Typen definieren Wertemengen, auf die die vordefinierten Operationen anwendbar sind. Objekte sind Exemplare dieser Typen.

7.1 Typen und Objekte

Vordefinierte Typen werden durch eine *Typdefinition* eingeführt. Dabei führt jede im Programmtext auftretende Typdefinition einen neuen, von allen anderen Typen verschiedenen Typ ein. *Typvereinbarungen* dienen (wie überhaupt alle Formen von Vereinbarung) zur Verbindung der durch die Typdefinition eingeführten Größe mit einem Namen. Typvereinbarungen haben also die Form

type Typbezeichner **is** Typdefinition;

Die Exemplarbildung auf der Ebene vordefinierter Typen wird in Ada zum einen durch *Objektvereinbarungen*, zum anderen durch dynamische Objekterzeugung (siehe 7.8) ausgedrückt. Durch Objektvereinbarungen lassen sich drei verschiedene Arten von Objekten einführen, nämlich
- Variable,
- Konstante und
- numerische Literale.

Eine *Variable* ist ein Objekt, dessen Wert sich im Verlauf des Programms ändern kann. *Konstante* haben einen festen Wert, der bei ihrer Vereinbarung angegeben werden muß. Dieser Wert muß jedoch im Gegensatz zu *numerischen Literalen* nicht zur Übersetzungszeit berechenbar sein. Die drei Arten von Objektvereinbarungen werden z.B. wie folgt geschrieben.

```
X : FLOAT := 5;
C : constant FLOAT := F (Y);
PI : constant := 3.1415926;
```

Ein zentraler Aspekt des modularen Programmierens ist die Wiederverwendbarkeit von Software. Dabei tritt das Problem auf, existierende Problemlösungen durch Beschränkung oder auch Erweiterung an die gegebene Problemstel-
lung anzupassen. Ada enthält auf verschiedenen Ebenen Konzepte zur Beschreibung solcher Beschränkungen oder Erweiterungen. Im Bereich der Typbildung
gibt es dazu die Möglichkeiten zur Bildung von *Untertypen* und *abgeleiteten
Typen.*

Untertypdefinitionen schränken die Wertemenge eines zuvor definierten Typs
ein, ohne dadurch einen neuen Typ einzuführen. Das heißt, daß Werte des Untertyps auch Werte des ursprünglichen Typs sind, also auch die Operationen
des ursprünglichen Typs darauf anwendbar sind.
Die Schreibweise für Untertypvereinbarungen ist

subtype Untertypname **is** Untertypdefinition;

wobei eine Untertypdefinition die Form

Name Einschränkung

hat. Dabei ist der Name ein Typname oder ein Untertypname. Die *Einschränkung* in Untertypdefinitionen ist optional. Wenn sie fehlt, wird lediglich ein
neuer Name für den ursprünglichen Typ oder Untertyp eingeführt. Die Form
der Einschränkung hängt von der Art des Typs oder Untertyps ab und wird für
die einzelnen Typklassen im folgenden noch vorgestellt. Beispiele für Untertypvereinbarungen sind die Einschränkung der "ganzen Zahlen" auf die "natürlichen Zahlen"

subtype NATURAL **is** INTEGER **range** 0 .. INTEGER'LAST;

oder die Einschränkung der Menge "aller" Zeichenreihen auf die Menge der
einelementigen Zeichenreihen mit dem Index eins:

subtype CHARACTER_STRING **is** STRING (1 .. 1);

Einschränkungen können gesehen werden als Bedingungen oder Zusicherungen (assertions), die für bestimmte Werte gegeben werden. Der Übersetzer hat
dafür zu sorgen, daß diese Zusicherungen spätestens zur Laufzeit des Programms geprüft werden, damit der Benutzer in der Testphase Fehler erkennen
kann und im Betrieb derartige Ausnahmesituationen erkennen und darauf reagieren kann. Ferner können Übersetzer durch eine Analyse des Programms
Verletzungen der Zusicherungen oft sogar schon während der Übersetzung erkennen. Aus diesen Gründen ist es sinnvoll, alle Zusicherungen, die sich mit den
in Ada verfügbaren Formen von Einschränkungen beschreiben lassen, bei einer
(Unter-)typdefinition auch anzugeben.

Die Definition eines *abgeleiteten Typs* führt einen neuen Typ ein, der allerdings alle Charakteristika des ursprünglichen Typs erbt. Insbesondere gibt es
für alle Operationen, die für den ursprünglichen Typ verfügbar sind, entsprechende (aber von den ursprünglichen verschiedene!) Operationen für den

abgeleiteten Typ. Die Definition eines abgeleiteten Typs hat die Form

new Untertypdefinition

so daß man bei der Ableitung des Typs gleichzeitig eine Einschränkung angeben kann, z.B.

type GESCHWINDIGKEIT **is new** FLOAT **range** 0.0 .. C;
type WEG **is new** FLOAT **range** 0.0 .. FLOAT'LAST;
type ZEIT **is new** FLOAT **range** 0.0 .. FLOAT'LAST;

Man benutzt abgeleitete Typen zum einen aus Gründen der Programmsicherheit. Man kann nämlich damit verhindern, daß die Operationen des ursprünglichen Typs auch auf Werte des neuen Typs anwendbar sind, was man aus programmlogischen Gründen oft ausschließen möchte. Es macht z.B. keinen Sinn, Werte vom Typ Geschwindigkeit und Weg zu addieren, was auch durch die obigen Typvereinbarungen ausgeschlossen wird.
Abgeleitete Typen können nun um Operationen erweitert werden, die für den ursprünglichen Typ nicht anwendbar sind, z.B.

function DURCHSCHNITTSGESCHWINDIGKEIT (W : WEG; Z : ZEIT)
  return GESCHWINDIGKEIT;

7.2 Klassifikation von Typen

Typen werden in verschiedene Klassen eingeteilt, von denen ihre spätere Verwendbarkeit abhängt. Die Typklassen sind

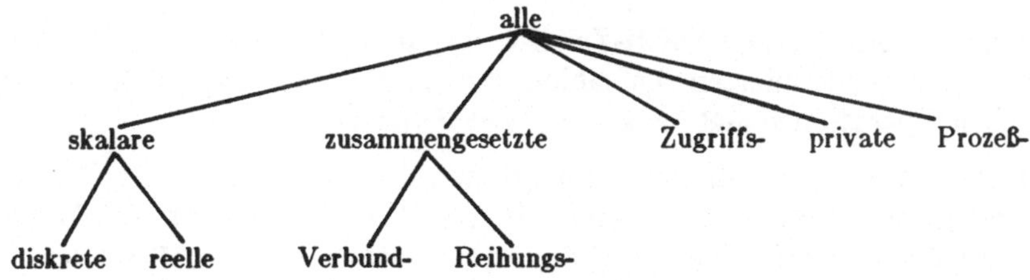

Diskrete Typen sind unterteilt in *Aufzählungstypen* und *ganzzahlige Typen*. *Reelle Typen* sind *Gleitpunkttypen* oder *Festpunkttypen*. Ferner gehören reelle und ganzzahlige Typen zur Klasse der *numerischen Typen*. Auf *private Typen* wurde bereits in Kapitel 4, auf *Prozeßtypen* in Kapitel 6 eingegangen. Im folgenden werden die sonstigen Typen eingeführt und einige für diese Typen spezifischen Operationen angegeben. Eine vollständige Liste der vordefinierten Operationen findet sich in Kapitel 7.9.

Ada ist streng typisiert, d.h. Operationen sind für bestimmte Typen definiert und nur für Werte dieses Typs zulässig. So ist z.B. eine Zuweisung eines Wertes an eine Variable nur erlaubt, wenn beide denselben Typ haben. Es gibt keine implizite Uminterpretation von Werten eines Typs als Werte eines anderen Typs. Explizit kann jedoch eine *Typkonvertierung* dazu verwendet werden, den Wert eines Typs als Wert eines anderen Typs zu interpretieren. Die Schreibweise für Typkonvertierungen ist

> **Typname (Ausdruck)**

Diese Uminterpretation ist natürlich nur für gleichartige Typen, nämlich für voneinander abgeleitete Typen, für numerische Typen und für gleichstrukturierte Reihungstypen erlaubt.

7.3　Aufzählungstypen

Aufzählungstypen beschreiben endliche Wertemengen und führen für jedes Element (*Aufzählungsliteral*) dieser Menge einen Namen ein. Als Literale dienen Bezeichner oder Zeichen. Über den Literalen ist eine Ordnung definiert, die durch die Reihenfolge der Aufschreibung der Elemente gegeben ist.

```
type WOCHENTAG is (MONTAG, DIENSTAG, MITTWOCH,
                   DONNERSTAG, FREITAG, SAMSTAG, SONNTAG);
```

oder

```
type HEX_ZIFFER is ('0', '1', '2', '3', '4',
                    '5', '6', '7', '8', '9',
                    'A','B','C','D','E','F');
```

Die Typen CHARACTER (ASCII-Zeichensatz) und BOOLEAN (FALSE, TRUE) gehören zu den vordefinierten Aufzählungstypen. Für den Typ BOOLEAN sind die logischen Operationen **and, or xor** und **not** definiert.

An Operationen stehen für Aufzählungstypen der Vergleich zweier Werte in der Ordnung zur Verfügung, ferner *Attribute*, die die Vorgängerfunktion (PRED), die Nachfolgerfunktion (SUCC), die Positionsfunktion (POS) und die Wertfunktion (VAL) angeben. Dabei liefert die Positionsfunktion die Stelle eines Wertes in der Typreihenfolge (beginnend mit 0) und die Wertefunktion ist deren Umkehrfunktion. Zum Beispiel

```
WOCHENTAG'POS (DIENSTAG) = 1
HEX_ZIFFER'VAL (10) = 'A'
WOCHENTAG'SUCC (SONNTAG) -- CONSTRAINT_ERROR
```

Man beachte, daß die Position eines Aufzählungsliterals nicht notwendig mit seiner Darstellung auf der Maschine übereinstimmt. (Siehe dazu auch Kapitel 10.)

Aufzählungsliterale werden in Ada als parameterlose Funktionen angesehen. So können Aufzählungsliterale insbesondere überladen werden (siehe 5.1.4), d.h. es können verschiedene Typen mit dem gleichen Literalbezeichner definiert werden. Im vorangegangenen Beispiel ist '0' sowohl ein Literal vom Typ CHARACTER als auch ein Literal vom Typ HEX_ZIFFER. Die Bedeutung des Zeichens '0' muß aus dem Kontext, in dem es verwendet wird, hervorgehen.

7.4 Ganzzahlige Typen

Ein *ganzzahliger Typ* wird definiert durch

> **range** F1 .. F2;

F1, F2 sind Ausdrücke, die zur Übersetzungszeit berechenbar sein müssen. Der so definierte Typ umfaßt lückenlos die ganzen Zahlen zwischen F1 und F2. Für jede Implementierung sind ein oder mehrere ganzzahlige Typen vordefiniert mit den Namen INTEGER und eventuell SHORT_INTEGER, LONG_INTEGER. Für diese vordefinierten Typen existieren die üblichen Operationen, wie Addition, Multiplikation, usw. Durch die Typdefinition der obigen Form wird ein neuer ganzzahliger Typ von einem dieser vordefinierten Typen abgeleitet, wobei der Übersetzer einen vordefinierten Typ so aussuchen muß, daß dieser die angegebenen Grenzen umfaßt. Damit sind für den neuen Typ auch die Operationen des vordefinierten Typs verfügbar.

Bereichseinschränkungen sind die Form von Einschränkungen, die für diskrete und auch reelle Typen angegeben werden können. Eine Bereichseinschränkung geschieht durch Angabe der Unter- und Obergrenze des neuen Bereichs, so daß eine Untertypvereinbarung die folgende Form hat.

> **subtype** Untertypname **is** Typname **range** G1 .. G2;

Dabei muß der neue Wertebereich eine Teilmenge des ursprünglichen Wertebereichs sein. Die Ausdrücke G1 und G2 brauchen jetzt jedoch nicht mehr zur Übersetzungszeit berechenbar zu sein.

7.5 Reelle Typen

Reelle Typen werden weiter unterteilt in Gleitpunkttypen und Festpunkttypen. Bei *Gleitpunkttypen* wird die relative Genauigkeit vorgegeben durch Angabe der Anzahl der Mantissenstellen. Sie werden definiert durch

> **type** Typname **is digits** D;

Der Ausdruck D muß zur Übersetzungszeit auswertbar sein und gibt die Anzahl der benötigten Dezimalstellen an.

Zusätzlich kann auf die Angabe der Dezimalstellen noch eine Bereichsangabe
der Form

    range F1 .. F2

folgen wobei F1 und F2 zur Übersetzungszeit auswertbare Ausdrücke sind, die
Gleitpunktzahlen liefern. Sie legen Unter- und Obergrenze der Wertemenge
fest und bestimmen dadurch den benötigten Exponentenbereich.

Wie für ganze Zahlen gibt es eine Reihe vordefinierter Gleitpunkttypen,
nämlich FLOAT und eventuell SHORT_FLOAT, LONG_FLOAT, und der definierte
neue Typ wird von einem der vordefinierten Typen abgeleitet. Natürlich ist ein
Übersetzer nicht verpflichtet, beliebig hohe Genauigkeits- und Bereichsanforde-
rungen zu erfüllen.

Bei *Festpunkttypen* wird nicht die relative, sondern die absolute Genauigkeit
festgelegt. Sie werden definiert durch

    type Typname **is delta** D;

Wie bei Gleitpunktypdefinitionen muß der Ausdruck D zur Übersetzungszeit
auswertbar sein. Er gibt die absolute Genauigkeit an, die bei der Darstellung
von Festpunktwerten dieses Typs eingehalten werden muß. Wieder kann auf
die Angabe der Genauigkeit noch eine Bereichsangabe folgen.

Für alle skalaren Typen, d.h. alle Aufzählungs- und numerische Typen stehen die beiden Attribute FIRST und LAST zur Verfügung, die den kleinsten und
größten Wert des Wertebereichs angeben.

Numerische Literale, etwa die früher definierte Zahl PI, sagen im allgemei-
nen nicht, zu welchem Typ sie gehören. Bei PI erkennt man lediglich, daß es
sich um einen reellen Typ handeln muß, nicht jedoch, ob es sich z.B. um den
Typ FLOAT, LONG_FLOAT, oder einen Festpunkttyp handelt. Diese Information
wird im allgemeinen aus dem Kontext, in dem die Konstante auftritt, ergänzt.
Ist auch dieser mehrdeutig, so müssen wir die Konstante oder einen ganzen
Ausdruck F als *qualifizierten Ausdruck* schreiben, dem wir den gewünschten
Typ voranstellen:

    Typname'(F)

Die qualifizierte Schreibweise kann den Selbstdokumentationswert eines Programms erhöhen, indem es dem Leser den Typ eines Ausdrucks mitteilt. Ansonsten wird man Konstante und Ausdrücke erst dann qualifizieren, nachdem
man in einem vorangehenden Übersetzerlauf eine Fehlermeldung bekam, daß
der Typ des Sprachelements nicht eindeutig festgestellt werden konnte.

7.6 Reihungstypen

Werte eines *Reihungstyps* sind zusammengesetzt aus *Komponenten*, die alle den gleichen Komponententyp haben. Die Definition eines Reihungstyps hat die Form

type Typname **is array** (Indexbereiche) **of** Komponententypname;

Wir haben schon mehrere Beispiele solcher Reihungstypen gesehen. Die Anzahl der Indexbereiche ist beliebig (mindestens 1). Wir nennen diese Anzahl die *Dimension* des Reihungstyps. Mehrere Indexbereiche werden durch ein Komma getrennt. Als Indexbereiche sind alle Sprachkonstruktionen zulässig, die wir früher als diskrete Bereiche kennengelernt haben.

Ferner können die Indexbereiche in der Form

Typname **range** <>

als (noch) uneingeschränkte Bereiche angegeben werden, womit dann ein *uneingeschränkter Reihungstyp* definiert wird. Eine Vereinbarung

type MATRIX **is array** (INTEGER **range** <>, INTEGER **range** <>) **of** FLOAT;

vereinbart z.B. den Typ MATRIX, der alle zweidimensionalen Reihungen mit dem Komponententyp FLOAT enthält, wobei die Indexgrenzen ganzzahlig, aber sonst beliebig sind.

Für uneingeschränkte Reihungstypen (und nur für solche) kann eine *Indexeinschränkung* angegeben werden, die die Indexbereiche festlegt, z.B.

subtype MATRIX_3 **is** MATRIX (1 .. 3, 1 .. 3);

oder in einer Objektvereinbarung

M : MATRIX (1 .. 3, 1 .. 3);

Der Zeichenkettentyp STRING ist als uneingeschränkter, eindimensionaler Reihungstyp in Ada vordefiniert. Seine Vereinbarung lautet

type STRING **is array** (POSITIVE **range** <>) **of** CHARACTER;

wobei POSITIVE der vordefinierte Untertyp der positiven ganzen Zahlen ist:

subtype POSITIVE **is** INTEGER **range** 1 .. INTEGER'LAST;

Auf die Verwendung von Zeichenketten wird in den folgenden Beispielen noch eingegangen.

Die vordefinierten Operationen für Reihungen sind Aggregatbildung, Indizierung, Ausschnittsbildung, Konkatenation, Vergleich und Zuweisung.

Will man den Wert einer Reihung aus Einzelwerten zusammensetzen, so benutzt man dazu ein *Reihungsaggregat*. Im einfachsten Fall besteht ein solches Reihungsaggregat für eine einstufige Reihung aus einer Aufzählung aller Werte durch Komma getrennt und in Klammern eingeschlossen. Mehrstufige Reihungen werden stufenweise aufgeführt, also z.B.

```
M := ((M11, M12, M13),
      (M21, M22, M23),
      (M31, M32, M33));
```

Da diese *Zuordnung über die Position* bei großen Reihungen sehr unübersichtlich und fehleranfällig wird, ist es auch möglich, die einzelnen Elemente unter Voranstellung ihres Index durch *Zuordnung über Namen* zu definieren:

Index => Wert

Für eine einstufige Reihung B schreibt man also beispielsweise

```
B := (1 => B1, 2 => B2, 3 => B3);
```

Die Indexangaben können mit der gleichen Schreibweise notiert werden, die wir in Kapitel 5 für Auswahlen in Case-Anweisungen kennenlernten. Auch ist die Reihenfolge der Angaben gleichgültig. Die Indizes müssen zur Übersetzungszeit auswertbar sein und müssen den gesamten Indexbereich abdecken. Wollen wir unsere Reihung B durchgehend mit 0 initialisieren, so schreiben wir dafür am einfachsten

```
B := (others => 0);
```

Zeichenkettenliterale bilden eine spezielle Form von Reihungsaggregaten für eindimensionale Reihungen, deren Komponententyp ein Aufzählungstyp mit Zeichenliteralen ist. Sie sind also insbesondere für den vordefinierten Typ STRING verwendbar. Sie haben die Form "Zeichenfolge", wobei die Zeichen der Zeichenfolge Zeichenliterale des Komponententyps sein müssen.

Von Reihungen kann man *indizierte Komponenten* und *Ausschnitte* (slices) bilden. Eine indizierte Komponente benennt ein einzelne Komponente der Reihung, z.B.

```
M (2, 3)
```

Beim Indizieren wird geprüft, daß die Indizes innerhalb der Indexbereiche liegen. Bei der Indizierung muß für jeden Indexbereich des Reihungstyps ein Index angegeben werden. Man kann also z.B. für einen Wert M vom Typ MATRIX kein eindimensionales Tupel durch die Schreibweise M (1) erhalten. Unter der Bildung eines Ausschnitts einer Reihung versteht man die Einschränkung des Indexbereichs einer eindimensionalen Reihung auf einen Teilbereich.

Wir schreiben dies in der Form

Reihungsausdruck (Indexbereich)

Dabei ist Reihungsausdruck irgendein Ausdruck, der eine Reihung als Ergebnis liefert. Für eine Zeichenkette

TEXT : STRING (1 .. 17) := ″Das_ist_ein_Text.″;

können z.B. folgende Ausschnitte gebildet werden.

TEXT (1 .. 3)	— Die Zeichenkette ″Das″
TEXT (4 .. 4)	— Die Zeichenkette ″_″
TEXT (4 .. 3)	— Die leere Zeichenkette
TEXT (13 .. TEXT'LAST - 1)	— Die Zeichenkette ″Text″
TEXT (TEXT'FIRST .. TEXT'LAST)	— Die Zeichenkette ″Das_ist_ein_Text.″

Die *Gleichheitsoperation* ist für beliebige Reihungen als komponentenweise Gleichheit definiert. Außerdem existieren für eindimensionale Reihungen mit diskretem Komponententyp die Operationen ″<″, ″<=″, ″>″, ″>=″, die die *lexikographische Ordnung* beschreiben. Ferner gibt es für eindimensionale Reihungen die Operation der *Konkatenation*, geschrieben als ″&″.

Reihungen können als ganzes zugewiesen werden. Das folgenden Beispiel verdeutlicht den Ablauf der Zuweisung, bei der zuerst die rechte Seite berechnet und dann an die linke Seite zugewiesen wird.

```
    TEXT : STRING (1 .. 31);
begin
    TEXT (1 .. 9) := ″tar sauce″;
    TEXT (4 .. 12) := TEXT (1 .. 9); — TEXT (1 .. 12) = ″tartar sauce″
```

Komponentenweise Zuweisung von links nach recht würde hier zu einem falschen Ergebnis führen.

Während in FORTRAN oder Pascal die Indexgrenzen immer konstante, zur Übersetzungszeit bestimmbare Werte haben, werden in Ada die Grenzenangaben einer Reihung immer erst bestimmt, wenn wir bei der Ausführung des Programms an der entsprechenden Typ-, Untertyp- oder Objektvereinbarung angekommen sind, in der die Ausdrücke für die Grenzen explizit enthalten sind. Man spricht von *dynamischen Reihungen*, wenn, wie das hier der Fall ist, die Grenzen immer erst im letzten Augenblick ausgerechnet werden. Dynamische Reihungen haben den Nachteil, daß sie die Speicherzuteilungsstrategien des Übersetzers etwas erschweren. Sie haben jedoch den erheblichen Vorteil, daß für Reihungen immer nur gerade soviel Speicher reserviert wird, wie für den aktuellen Datensatz benötigt wird. Auch kann es nicht vorkommen, daß man ein Programm plötzlich neu übersetzen muß, weil die bisherigen Grenzenangaben für den neuen Datensatz nicht ausreichen.

Bei einer Objektvereinbarung müssen die Indexgrenzen stets festgelegt werden, entweder durch Verwendung eines eingeschränkten Reihungstyps oder durch die Angabe der Indexeinschränkung an der Stelle der Objektvereinbarung oder bei Konstantenvereinbarungen (und Allokatoren, siehe 7.8) durch einen Initialwert.

```
M : MATRIX (1 .. 3, 1 .. 3);
M : MATRIX_3;
M : constant MATRIX := (1 .. 3 => (1 .. 3 => 0));
```

Wie das folgende Beispiel zeigt, hat man unter Verwendung von uneingeschränkten Reihungstypen im Zusammenhang mit Unterprogrammen und Konstantenvereinbarungen im wesentlichen die gleiche Mächtigkeit wie bei flexiblen Reihungen.

```
function LOESCHE_LEERZEICHEN (S : STRING) return STRING is
begin
  if S = "" then
    return S;
  elsif S (S'FIRST) = ' ' then
    return LOESCHE_LEERZEICHEN (S (S'FIRST + 1 .. S'LAST));
  else
    return S (S'FIRST) & LOESCHE_LEERZEICHEN (S (S'FIRST + 1 .. S'LAST));
  end if;
end LOESCHE_LEERZEICHEN;
```

Die Funktion LOESCHE_LEERZEICHEN kann Zeichenketten beliebiger Länge verarbeiten. Sie liefert auch Zeichenketten, deren Länge nicht vorhersehbar ist. Will man solche Zeichenketten weiter verarbeiten, so verwendet man dazu Konstantenvereinbarungen.

```
T : STRING (1 .. 10);
begin
  ...
  declare
    C : constant STRING := LOESCHE_LEERZEICHEN (T);
  begin
    for I in C'RANGE loop ...
```

Zum Abschluß dieses Kapitels soll noch auf die Realisierung von *Mengen* mit Hilfe von Reihungstypen eingegangen werden. Mengen mit Elementen eines diskreten Typs D können durch Reihungen der Form

```
type MENGE is array (D) of BOOLEAN;
```

realisiert werden. Für eindimensionale Reihungen mit BOOLEAN als Komponententyp stehen die Operationen **and**, **or** und **not** zur Verfügung, mit denen bei der vorgestellten Mengenimplementierung die Mengenoperationen Durchschnitt, Vereinigung und Komplement realisiert werden.

7.7 Verbundtypen

Werte eines *Verbundtyps* sind zusammengesetzt aus *Komponenten*, die unterschiedliche Komponententypen haben können. Die einzelnen Komponenten dieses Verbunds werden mit Bezeichnern angesprochen. Auf eine Komponente A eines Verbunds V greift man durch eine *selektierte Komponente* der Form V.A zu. Weitere Operationen für Verbunde sind Aggregatbildung, Vergleich und Zuweisung. Die Definition eines Verbundtyps führt zwischen den reservierten Wörtern **record** und **end record** unter Verwendung der Schreibweise für Variablenvereinbarungen die Vereinbarung der einzelnen Komponenten auf.

```
type DATUM is
  record
    JAHR : INTEGER;
    MONAT : MONATSNAME;
    TAG : INTEGER range 1..31;
  end record;

type KOMPLEX is
  record
    RE, IM : FLOAT := 0.0;
  end record;
```

Die Initialisierung der Komponenten wie beim Typ KOMPLEX besagt, daß bei allen Objekten des Typs diese Komponenten automatisch mit 0.0 initialisiert werden, wenn eine andere Initialisierung nicht explizit angegeben ist. Für Objekte eines Verbundtyps ist lediglich Zuweisung und Gleichheitsoperation für den Gesamtverbund und die Selektion von Komponenten vordefiniert. Weitere Operationen müssen bei Bedarf vom Programmierer definiert werden.

Für Verbunde gibt es analog zu Reihungen *Verbundaggregate*. Bei der *Zuordnung über die Position* werden sie genauso wie Reihungsaggregate geschrieben, also

```
K : KOMPLEX := (1.0, 2.5);
```

Bei *Zuordnung über Namen* schreibt man vor jeden Komponentenwert den Namen der Komponente, gefolgt von =>

```
K := (RE => 2.0, IM => 1.0);
```

Die Reihenfolge, in der die Komponenten im Aggregat angegeben sind, ist bei Zuordnung über Namen belanglos. Es müssen immer alle Verbundkomponenten angegeben sein.

Verbundtypen können parametrisiert werden, wobei sich die Parameter auf
- Existenz,
- Einschränkung oder
- Initialwert
bestimmter Komponenten auswirken können. Parameter eines Verbunds wer-
den *Diskriminanten* genannt. Sie sind ebenfalls Komponenten des Verbunds.

```
type DARSTELLUNGSFORM is (POLAR, XY);
type PUNKT (DARSTELLUNG : DARSTELLUNGSFORM := XY) is
  record
    Z : FLOAT;  -- z-Koordinate
    case DARSTELLUNG is
    when POLAR => R, PHI : FLOAT;
    when XY => X, Y : FLOAT;
    end case;
  end record;


type NAME (LV, LN : NATURAL := 0) is
  record
    VORNAME : STRING (1 .. LV);
    NACHNAME : STRING (1 .. LN);
  end record;
```

Beim Typ PUNKT unterscheidet die Diskriminante DARSTELLUNG zwischen
verschiedenen *Varianten*. Je nach Wert von DARSTELLUNG hat ein Wert des
Typs PUNKT die Komponenten DARSTELLUNG, Z, R, PHI oder DARSTELLUNG,
Z, X, Y. Beim Typ NAME spezifizieren die Diskriminanten LV und LN die Länge
der Zeichenketten für die beiden Komponenten.

Die Werte aller Diskriminanten müssen stets definiert sein, damit der Aufbau des Verbundobjekts bekannt ist. Es gibt also keine nicht initialisierten Diskriminanten. Die Diskriminante kann bereits in der Typvereinbarung initialisiert sein. Bei Unterprogrammparametern wird die Initialisierung vom aktuellen Parameter übernommen. Ansonsten kann ein Verbundtyp durch eine *Diskriminanteneinschränkung* eingeschränkt werden. Diese Einschränkung hat die
Form eines Verbundaggregats, in dem für jede Diskriminante genau ein Wert
angegeben wird.

```
subtype PUNKT_POLAR is PUNKT (POLAR);
```

oder

```
EINTRAG : NAME (LV => 3, LN => 7) := (3, 7, "Ada", "Augusta");
```

Eine Einschränkung eines Verbundtyps überschreibt die etwa in der Typvereinbarung angegebene Diskriminanten-Initialisierung. Objekte von einem eingeschränkten Verbundtyp können für jede Diskriminante nur einen festen (den in
der Einschränkung angegebenen) Wert haben.

So ist z.B. die Zuweisung

    EINTRAG := (7, 7, "Charles", "Babbage");

nach der obigen Vereinbarung verboten, da die Diskriminanten auf die Werte 3 und 7 festgelegt sind. Nur bei nicht eingeschränkten Verbundtypen ist es möglich, daß ein Objekt Verbundwerte mit unterschiedlichen Diskriminanten aufnehmen kann. Um zu garantieren, daß eine Diskriminante immer einen wohldefinierten Wert hat, fordert man, daß bei Objektvereinbarungen ein nicht eingeschränkter Verbundtyp immer Initialwerte für die Diskriminanten enthält, die dann bei der Objektvereinbarung zur Initialisierung des Objekts verwendet werden. Da es grundsätzlich wünschenswert ist, für ein Objekt die Änderung von Diskriminanten zuzulassen, sollten alle Diskriminanten irgendeinen Initialwert enthalten, selbst wenn es keinen ausgezeichneten Wert zur Vorbelegung gibt. Nach einer Vereinbarung der Form

    EINTRAG : NAME := (3, 7, "Ada", "Augusta");

die erlaubt ist, da die Diskriminanten eine Vorbesetzung haben, wäre die obige Zuweisung erlaubt. Die Änderung einer Diskriminante in der Form

    EINTRAG.LV := 2;

ist verboten, da dadurch eine Inkonsistenz zwischen dem Diskriminantenwert LV und der dadurch parametrisierten Komponenten VORNAME, die sich durch die Zuweisung nicht ändert, entstünde. Änderungen von Diskriminantenwerten können nur durch Gesamtzuweisung z.B. Zuweisung eines Verbundaggregats durchgeführt werden.

In einem Verbundtyp mit Varianten folgt die Variante (die case-Konstruktion) stets als letztes in der Typdefinition. Die einzelnen Varianten können beliebig viele Verbundkomponenten umfassen. Die Anzahl der Verbundkomponenten kann von Variante zu Variante schwanken. Eine Variante kann als letzte Konstruktion eine weitere Untervariante enthalten, die natürlich wieder mit einer Diskriminante des Verbundtyps eingeleitet werden muß. Die Bezeichner aller Verbundkomponenten (auch in verschiedenen Varianten) müssen stets verschieden sein. Enthält eine Variante überhaupt keine Komponenten, so schreibt man anstelle der Komponentenvereinbarungen nur das reservierte Wort **null**.

7.8 Zugriffstypen und anonyme Objekte

Bei den bisher vorgestellten Typen kann die Verwendung in drei zeitlich aufeinanderfolgende Schritte eingeteilt werden

- Definition des Typs,
- Erzeugung eines Objekts,

- Verarbeitung des Objekts.

In manchen Fällen ist es jedoch günstig, wenn das Erzeugen und Verarbeiten einzelner Objekte verzahnt erfolgen kann. Solche dynamisch erzeugten Objekte sind anonym, d.h. man kann sie nicht durch einen Bezeichner benennen. Stattdessen referiert man sie über *Zugriffe*.

Durch eine Typvereinbarung

type Typname **is access** Zieltypname;

kann man in Ada den Typ eines Zugriffs definieren. Ein solcher Zugriff kann sich immer nur auf Objekte des angegebenen *Zieltyps* beziehen.
Nach einer Vereinbarung

type PUNKT_ZUGRIFF **is access** PUNKT;
PZ : PUNKT_ZUGRIFF;

erzeugt der *Allokator*

new PUNKT

oder (**new** PUNKT'(XY, 0.0, 0.0))

ein anonymes Objekt (das im zweiten Fall mit dem angegebenen Wert initialisiert wird) und liefert als Ergebnis einen Zugriff auf dieses Objekt, den man z.B. an PZ zuweisen kann.

PZ := **new** PUNKT;

Das anonyme Objekt ist dann durch den Namen

PZ.**all**

benennbar. Der Wert **null** gehört zum Wertebereich aller Zugriffstypen und bezeichnet den Leerzugriff, "Zugriff auf kein Objekt". Mit diesem Wert werden alle Objekte und Komponenten von Zugriffstypen vorbelegt, falls keine andere Vorbelegung angegeben ist.

Ein Zugriff kann stets nur auf Objekte verweisen, die durch Allokatoren für den entsprechenden Zugriffstyp erzeugt wurden. Die Menge aller für einen Zugriffstyp erzeugten Objekte bezeichnet man als *Kollektion* dieses Zugriffstyps.

Gewöhnlich handelt es sich bei den Objekten, auf die verwiesen wird, um zusammengesetzte Objekte, meistens Verbunde. So repräsentieren wir etwa einen binären Schlüsselbaum wie folgt.

```
type KNOTEN;
type BAUM is access KNOTEN;
type KNOTEN is
  record
    SCHLUESSEL : INTEGER;
    LINKS, RECHTS : BAUM;
  end record;
B, B1 : BAUM;
```

Beispiele für die Verwendung dieser Typen sind

```
B := new KNOTEN;
B.all.SCHLUESSEL := 0;
B.RECHTS := new KNOTEN;
B.LINKS := new KNOTEN'(SCHLUESSEL => 0,
                       LINKS => null,
                       RECHTS => new KNOTEN);
B1 := B.RECHTS;      -- Zuweisung eines Zugriffs an das Zugriffsobjekt B1
B1.all := B.all;     -- Zuweisung eines Verbunds an das anonyme Objekt B1.all
```

Der Typ KNOTEN heißt *rekursiv*, da er selbst wieder Zugriffe der gleichen
Art enthält. Das Beispiel zeigt zugleich den Umgang mit Zugriffen. Bezieht
sich der Zugriff auf einen Verbund oder auf eine Reihung, so kann der Zugriff
in selektierten oder indizierten Komponenten wie ein Verbundname oder Reihungsname verwendet werden, d.h. der Übergang vom Zugriff zum Objekt, der
normal durch die Schreibweise .all erfolgt, erfolgt in diesen Fällen implizit.

Bei der Definition rekursiver Zugriffstypen geraten wir in Schwierigkeiten
mit der Regel, daß jeder Bezeichner vor seiner Verwendung definiert sein muß.
Wie das Beispiel des Typs KNOTEN zeigt, lösen wir dieses Problem, indem wir
der Definition von Baum eine *unvollständige Typvereinbarung* für KNOTEN
voranstellen. Unvollständige Typen dürfen bis zu ihrer Vervollständigung nur
nach dem reservierten Wort access benutzt werden, können also nur bei der
Definition rekursiver Typen eingesetzt werden.

7.9 Namen und Ausdrücke

Namen benennen Größen oder deren Komponenten, die im Programm vereinbart wurden. Ein Name ist im einfachsten Fall

- ein Bezeichner,
- ein Zeichenliteral oder
- ein Operatorsymbol.

Diese Arten eines Namens benennen die ihm durch eine Vereinbarung zugeordnete Größe. Zusammengesetzte Namen sind

eine indizierte Komponente, z.B.	A (I), B (I, J),
ein Ausschnitt, z.B.	A (I .. J),
eine selektierte Komponente, z.B.	X.C, X.**all**
ein Attribut, z.B.	T'FIRST

Diese Arten der Benennung bilden einen Teil der Operationen, die für Werte vordefinierter Typen definiert sind. Weitere Operationen werden wir bei der Behandlung von Ausdrücken kennenlernen. Auf indizierte Komponenten und Ausschnitte sind wir bereits eingegangen. Die *selektierte Komponente* X.C hat außer der Selektion von Verbundkomponenten (siehe 7.7), der Selektion eines anonymen Objekts aus einem Zugriff (7.8) und der Schreibweise für sichtbare Größen eines Pakets (4.3) und für Eingänge eines Prozesses (6.3) noch eine weitere Anwendung. Wenn immer man eine Größe C aus einem umfassenden Block oder einer umfassenden Programmeinheit mit Namen X benutzen will, kann man ebenfalls X.C schreiben. Diese Selektion ist meist überflüssig. Sie ist erforderlich, wenn der Name C für sich alleine mehrdeutig ist, (weil es verschiedene Bereiche gibt, in denen er definiert ist) oder weil der Name C an der Stelle der Anwendung nicht direkt sichtbar ist. *Attribute* geben Eigenschaften von Größen wieder. Ihre Schreibweise ist

Name'Attributname

wobei der Name die Größe benennt, deren Eigenschaft gemeint ist, und der Attributname ein Attributbezeichner oder ein indizierter Attributbezeichner sein kann. Diese Eigenschaften sind selbst wieder Werte, Typen, Operationen oder Bereichsangaben. Die folgende Tabelle enthält eine Liste der wichtigsten Attribute. Weitere spezielle Attribute finden sich in den Kapiteln 6 und 10.

Ein *Ausdruck* liefert einen Wert eines bestimmten Typs. Dieser Typ kann dem Ausdruck stets zum Zeitpunkt der Übersetzung zugeordnet werden. Man nennt Ada daher eine streng typisierte Sprache. Ausdrücke bestehen aus der Anwendung einer Operation auf Werte, für die diese Operation definiert ist. Dabei ist der Funktionsaufruf die einzige Operation, die durch den Programmierer definiert wird, alle anderen Operationen sind für die vordefinierten Typen vordefiniert.

Attributname	anwendbar auf	Eigenschaft	Beispiel
FIRST	skalare Typen	Untergrenze	WOCHENTAG'FIRST = MONTAG
FIRST	Reihungstypen u. Reihungen	Untergrenze des ersten Indexbereichs	MATRIX'FIRST = 1
FIRST (I)	Reihungstypen u. Reihungen	Untergrenze des i-ten Indexbereichs	MATRIX'FIRST (2) = 1
LAST	wie FIRST, aber für Obergrenze ...		
RANGE	Reihungstypen u. Reihungen	Bereichsangabe	T'RANGE steht für T'FIRST .. T'LAST
LENGTH, LENGTH (I)	Reihungstypen u. Reihungen	Länge	T'LENGTH = T'LAST - T'FIRST + 1
IMAGE	diskrete Typen	Funktion für textuelle Darstellung	INTEGER'IMAGE (17) = " 17" WOCHENTAG'IMAGE (MONTAG) = "MONTAG"
VALUE	diskrete Typen	Umkehrfunktion zu IMAGE	WOCHENTAG'VALUE ("MONTAG") = MONTAG
POS	diskrete Typen	Funktion zur Positionsbestimmung	WOCHENTAG'POS (DIENSTAG) = 1
VAL	diskrete Typen	Umkehrfunktion zu POS	CHARACTER'VAL (CHARACTER'POS ('0') + 5) = 5
PRED	diskrete Typen	Vorgängerfunktion	WOCHENTAG'PRED (DIENSTAG) = MONTAG
SUCC	diskrete Typen	Nachfolgerfunktion	

Im einfachsten Fall ist ein Ausdruck

- ein numerisches Literal (7.1),
- der leere Zugriff **null** (7.8),
- ein Aggregat (einschließlich Zeichenketten) (7.6, 7.7),
- der Name eines Objekts, dessen Wert das Ergebnis des Ausdrucks ist
- ein Allokator (7.8), bei dem der gelieferte Zugriff das Ergebnis des Ausdrucks ist,
- ein Funktionsaufruf (5.1.1), dessen Ergebnis das Ergebnis des Ausdrucks ist,
- eine Typkonvertierung (7.2) oder
- ein qualifizierter Ausdruck (z.B. 7.5).

Man bedenke, daß auch Aggregatbildung oder Allokator Operationen in unserem Sinne sind.

Aus diesen Elementen als Operanden lassen sich unter Benutzung von Klammern und Operatoren weitere Ausdrücke aufbauen. Die zulässigen *Operatoren* und ihre Bedeutung sind in der Reihenfolge aufsteigender Präzedenz in der folgenden Tabelle angegeben.

Bei allen Operatoren mit Ausnahme von **and then** und **or else** werden zuerst alle Operanden berechnet und dann die Operation ausgeführt. Bei **and then** wird der zweite Operand nur berechnet, wenn der erste Operand TRUE ist. Bei **or else** wird der zweite Operand nur berechnet, wenn der erste Operand FALSE ist (*Kurzauswertung* boolescher Ausdrücke). Die Reihenfolge der Operandenberechnung ist unbestimmt (erst der erste Operand, dann der zweite oder auch umgekehrt). Sofern durch Klammern oder Vorrangregeln nichts anderes bestimmt ist, werden die Operationen in der Reihenfolge von links nach rechts ausgeführt.

Operatorsymbol	anwendbar auf Werte vom Typ	Bedeutung	Beispiel
and, **or,** **xor**	BOOLEAN, **array of** BOOLEAN	wie üblich, komponentenweise	
and then, **or else**	BOOLEAN	Ergebnis wie **and** und **or**, aber Kurzauswertung	X /= null **and then** X.A = 5
=, /=	alle Typen außer limitierten	Gleichheit, Ungleichheit	
<, <=, >, >=	skalare Typen, diskrete Reihungs- typen	wie üblich, lexikographische Ordnung	
in, not in	alle Typen	Elementtest für Wert auf Untertyp	X **in** 1 .. 7 SONNTAG **in** WERKTAG
+, - &	numerische Typen eindimensionale Reihung und Komponenten	wie üblich Konkatenation	 "abc" & "def" 'a' & "bcd" 'a' & 'b'
(unäres) +, -	numerische Typen	wie üblich	
*, / **mod, rem**	numerische Typen ganzzahlige Typen	wie üblich wie üblich	
**	numerische Typen (zweiter Operand ganzzahlig)	Exponentiation	
abs **not**	numerische Typen BOOLEAN **array of** BOOLEAN	wie üblich wie üblich komponentenweise	

Die logischen Operationen **and, or, xor** und **not** können auch auf Reihungen angewendet werden und arbeiten dann elementweise. Auf diese Weise lassen sich, wie am Ende von Abschnitt 7.6 beschrieben, Mengenoperationen wie Durchschnitt und Vereinigung für durch Bittupel dargestellte Mengen realisieren.

Die Operatoren **in** und **not in** dienen zum *Elementtest* eines Wertes bezüglich eines Untertyps. Das Ergebnis von **in** ist TRUE, wenn der Wert die Einschränkung des Untertyps erfüllt; **not in** liefert das negierte Ergebnis.

Die Operatoren **rem** und **mod** bedeuten beide die Restbildung bei der Division. **rem** liefert sein Ergebnis mit dem Vorzeichen des Zählers. **mod** liefert sein Ergebnis mit dem Vorzeichen des Nenners. Darüber hinaus gilt für jedes ganzzahlige K

A **mod** B = (A + K*B) **mod** B

Ada erlaubt keine numerischen Ausdrücke mit gemischten ganzzahligen und reellen Operanden. Ist F vom Typ FLOAT und I vom Typ INTEGER, so darf man also nicht

X + 1

oder

X + I

schreiben. Stattdessen schreibt man

X + 1.0

bzw. eine *Typkonvertierung.*

X + FLOAT (I)

Soll das Ergebnis mit dem Typ INTEGER weiterverarbeitet werden, so schreibt man

INTEGER (X + FLOAT (I))

oder

INTEGER (X) + I

Beim Übergang von Gleitpunktzahlen zu ganzen Zahlen wird gerundet.

Ausdrücke werden in vielfältiger Weise verwendet. Die häufigste Verwendung finden sie in *Zuweisungsanweisungen*

Variablenname := Ausdruck;

Die Zuweisung ist eine Operation, die eine Anweisung darstellt. Sie ist für alle Typen mit Ausnahme von limitierten Typen definiert. Die Variable auf der linken Seite wird durch einen beliebigen Namen angegeben. Die Bedeutung des Namens und der Wert des Ausdrucks werden in unbestimmter Reihenfolge berechnet, anschließend wird der Wert der Ausdrucks an die Variable zugewiesen. Zuweisungen an Konstanten oder an Größen, die nicht den gleichen Typ wie das Ergebnis des Ausdrucks auf der rechten Seite haben, sind unzulässig.

8. GENERISCHE EINHEITEN (PROGRAMMSCHABLONEN)

Die Handhabung von Datenstrukturen ist häufig unabhängig vom Typ der Elemente, mit denen diese Datenstrukturen aufgebaut sind. Zum Beispiel sind die Operationen zum Umgang mit Warteschlangen oder Dateien unabhängig vom Aufbau der Elemente der Warteschlange oder der Sätze der Datei. Der Programmierer würde es daher begrüßen, wenn er Pakete und Unterprogramme zum Umgang mit solchen Datenstrukturen unabhängig vom Typ der Elemente formulieren könnte. Diesem Zweck dienen in Ada generische Einheiten.

Der Unterprogramm-Mechanismus ist ein Hilfsmittel, das es erlaubt, gleichartige Programmteile, die sich nur im Gebrauch verschiedener Werte oder Variablen unterscheiden, zusammenzufassen. Dadurch wird der gesamte Programmtext komprimiert, überschaubarer und fehlerunanfälliger. Die Unterschiede bei der Ausführung eines Unterprogramms ergeben sich zur Laufzeit, nämlich dann, wenn die Bindung zwischen den formalen und aktuellen Parametern hergestellt wird.

Dasselbe Verfahren kann nicht mehr angewendet werden, wenn die Parametrisierung von Programmteilen auch auf Typen und Operationen (auf diesen Typen) erweitert werden sollen, denn die strenge Typisierung von Ada verlangt die Überprüfung schon zur Übersetzungszeit. Deshalb gibt es das Konzept der *generischen Programmeinheiten.*

Eine generische Einheit ist eine Art Schablone für eine Klasse von Paketen oder Unterprogrammen. Sie enthält formale (generische) Parameter (Objekte, Typen, Unterprogramme), die man an aktuelle Werte binden muß, um ein konkretes Exemplar der generischen Einheit zu erzeugen. Diesen Prozeß der Bindung der Parameter und der anschließenden Exemplarbildung bezeichnen wir als *Ausprägung* einer generischen Einheit. Man spricht manchmal auch von der *Ausprägung* (instantiation).

Wie jede Programmeinheit werden auch die generischen Einheiten in eine Vereinbarung und einen Rumpf aufgegliedert:

```
generic
   type ELEMENT_TYP is private;
procedure AUSTAUSCH (X, Y : in out ELEMENT_TYP);


procedure AUSTAUSCH (X, Y : in out ELEMENT_TYP) is
   ZWISCHENWERT : ELEMENT_TYP;
begin
   ZWISCHENWERT := X;
   X := Y;
   Y := ZWISCHENWERT;
end AUSTAUSCH;
```

Um das Unterprogramm anwenden zu können, muß man zunächst eine Ausprägung erstellen und dabei aktuelle Werte für die Parameter der generischen Einheit angeben:

procedure TAUSCHE **is new** AUSTAUSCH (INTEGER);

procedure TAUSCHE **is new** AUSTAUSCH (CHARACTER);

procedure VERTAUSCHE **is new** AUSTAUSCH (ELEMENT_TYP => FARBE);

Die Ausprägungen stehen in einem Vereinbarungsteil. Danach können die durch die Ausprägung erzeugten Unterprogramme TAUSCHE (überladen!) und VERTAUSCHE wie gewöhnliche Unterprogramme aufgerufen werden:

TAUSCHE (A, B);

Als formale generische Parameter einer Einheit können sowohl in- als auch in-out-Parameter wie bei Unterprogrammen auftreten (out-Parameter sind nicht zulässig). Ferner ist es möglich, Typen (wie im obigen Beispiel) und Unterprogramme als formale Parameter von generischen Einheiten zu vereinbaren.

```
generic
   UMFANG : in out NATURAL;      — Objektparameter
   LAENGE : INTEGER;             — Wertparameter
   type T is ...                 — Typparameter
   with procedure P ...          — Prozedurparameter
   with function F ...           — Funktionsparameter
package P is
   ...
end P;
```

Beispiele für die Nutzung von formalen Unterprogrammparametern sind Funktionale in der numerischen Anwendung:

```
generic
   with function F (X : FLOAT) return FLOAT;
function INTEGRAL (VON : FLOAT := 0.0; X : FLOAT) return FLOAT;

function INTEGRAL (VON : FLOAT := 0.0; X : FLOAT) return FLOAT is
begin
   — z. B. Faßregel
   ...
end INTEGRAL;
```

```
declare
   function MY_SIN is new INTEGRAL (F => COS);
begin
   ...
   MY_SIN (X => PI/2);
   ...
end;
```

Im Gegensatz zu Unterprogramm-Parametern können zwischen formalen generischen Parametern Abhängigkeiten bestehen:

```
generic
   type T is ...
   with function F (X : T) return T;
package P
end P;
```

Der allgemeinste Fall für einen generischen Typparameter ist

```
type ELEMENT_TYP is limited private;
```

Diese Angabe besagt, daß jeder Typ in einer Ausprägung für ELEMENT_TYP auftreten darf. Jedoch können keine Operationen für Objekte dieses Typs innerhalb des Implementierungsteils vorausgesetzt werden.

In einem Programmpaket hatte die Bezeichnung **limited private** für einen Datentyp die Bedeutung, daß ein Anwender dieses Paketes keine Annahmen machen darf über den strukturellen Aufbau dieses Typs und die für ihn zulässigen Operatoren, sondern nur die sichtbaren Operatoren anwenden darf. Hier bei der Vereinbarung von generischen Einheiten bedeutet **limited private**, daß innerhalb der generischen Einheit keine Annahmen über den Aufbau und die Struktur des Typs gemacht werden dürfen und weder Gleichheit, Zuweisung und andere Operatoren und Attribute als verwendbar vorausgesetzt werden dürfen. Natürlich kann ein aktueller Parameter einige oder alle dieser Eigenschaften besitzen. Im Falle von

```
type ELEMENT_TYP is private;
```

kann jeder Typ, der mindestens über die Operationen = und /= sowie über die Zuweisung verfügt, als aktueller generischer Parameter verwendet werden.

Alle weiteren Operationen müssen als Parameter angegeben werden.

```
generic
  type ELEMENT_TYP is private;
  with function "<" (X ,Y : ELEMENT_TYP) return BOOLEAN;
function MINI (U ,V : ELEMENT_TYP) return ELEMENT_TYP;


function MINI (U, V : ELEMENT_TYP) return ELEMENT_TYP is
begin
 if U < V then
    return U;
 else
    return V;
 end if;
end MINI;

function FRUEHER is new MINI (TAG, "<");
```

Dabei bezeichnet "<" in der Ausprägung die für den Aufzählungstyp TAG vordefinierte Vergleichsoperation.

Weitere Einschränkungen für Typen können wie folgt angegeben werden:

```
type ENUM is (<>)            -- Aufzählungstyp
type GANZ is range <>        -- ganzzahliger Typ
type REELL is digits <>      -- Gleitpunkttyp
type GEBROCHEN is delta <>   -- Festpunkttyp
type ZEIGER is access ...    -- Zugriffstyp
type FELD is array ...       -- Reihungstyp
```

Obiges Beispiel könnte also für Aufzählungstypen umgeschrieben werden zu

```
generic
  type ELEMENT_TYP (<>);
function MINI ...

...

function FRUEHER is new MINI (TAG);
```

denn durch die Beschränkung auf Aufzählungstypen sind alle Eigenschaften wie

- Ordnungsrelationen
- Attribute FIRST und LAST
- Verwendbarkeit als Indextyp

innerhalb des Implementierungsteils der generischen Einheit verfügbar.

Für Reihungen ist folgende allgemeine Definition möglich:

```
generic
  type ELEMENT_TYP is private;
  type INDEX_TYP is (<>);
  type UNEINGESCHRAENKTE_REIHUNG
      is array (INDEX_TYP range <>) of ELEMENT_TYP;
  type EINGESCHRAENKTE_REIHUNG
      is array (INDEX_TYP) of ELEMENT_TYP;
package ...
```

und für Zugriffe

```
generic
  type KNOTEN is private;
  type VERWEIS is access KNOTEN;
package ...
```

Jetzt lassen sich z.B. Mengen und Mengenoperationen durch folgendes generisches Paket erklären.

```
generic
  type ELEMENTE is (<>);
package MENGEN is
  type MENGE is limited private;
  type ELEMENT_LISTE is
      array (INTEGER range <>) of ELEMENTE;
  function MENGEN_BILDUNG (X : ELEMENT_LISTE) return MENGE;
  function DURCHSCHNITT (X, Y : MENGE) return MENGE;
  function LEER (X : MENGE) return BOOLEAN;
private
  type MENGE is array (ELEMENTE) of BOOLEAN;
  pragma PACK (MENGE);
end MENGEN;

package body MENGEN is

  ...

end MENGEN;
```

Die Einführung des Typs ELEMENT_LISTE gestattet es, eine beliebige Anzahl
von Elementen zur Mengenbildung in Form eines Aggregates aufzuführen.

```
declare
  type FIGUR is (DREIECK, KREIS, QUADRAT,
                 SECHSECK, OVAL, KREUZ, STERN);

  package FIGUREN_MENGE is new MENGEN (FIGUR);
  use FIGUREN_MENGE;

  M : MENGE := MENGEN_BILDUNG ((DREIECK, KREUZ, STERN));
begin
  ...
  if LEER (M) then ...
end;
```

Als weiteres Beispiel für generische Programmeinheiten betrachten wir die
Formulierung von Sortieroperationen und Kellern.

Beispiel: Sortieren

```
generic
  type ELEMENT_TYP is private;
  type INDEX_TYP is (<>);
  type TUPEL is array (INDEX_TYP range <>) of ELEMENT_TYP;
  with function "<" (X, Y : ELEMENT_TYP) return BOOLEAN;
procedure SORTIERE (V : in out TUPEL);

procedure SORTIERE (V : in out TUPEL) is
  -- ein Sortierverfahren
end SORTIERE;

declare
  type QUINTUPEL is array (INTEGER range <>) of FLOAT;
  A : QUINTUPEL (1..5) := (5.0, 4.0, 1.0, 2.0, 3.0);
  procedure ORDNE is new SORTIERE (FLOAT, INTEGER, QUINTUPEL, "<");
begin
  ORDNE (A);
end;
```

Beispiel: Keller

```
generic
  STACK_SIZE : NATURAL;
  type ELEMENT is private;
package STACK is
  procedure PUSH (E : ELEMENT);
  function TOP return ELEMENT;
  procedure POP;
  STACK_OVERFLOW, STACK_UNDERFLOW : exception;
end STACK;


package body STACK is
  SPACE : array (1..STACK_SIZE) of ELEMENT;
  INDEX : INTEGER range 0..STACK_SIZE := 0;

  procedure PUSH (E : ELEMENT) is
  begin
    if INDEX = SIZE then
      raise STACK_OVERFLOW;
    end if;
    INDEX := INDEX + 1;
    SPACE (INDEX) := E;
  end PUSH;

  function TOP return ELEMENT is
  begin
    if INDEX = 0 then
      raise STACK_UNDERFLOW;
    end if;
    return SPACE (INDEX);
  end TOP;

  procedure POP is
  begin
    if INDEX = 0 then
      raise STACK_UNDERFLOW;
    end if;
    INDEX := INDEX - 1;
  end POP;

end STACK;
```

Von dieser generischen Einheit können u.a. folgende Ausprägungen durch Bindung der Parameter an konkrete Werte erhalten werden:

```
package KELLER_INT is new STACK (STACK_SIZE => 100, ELEMENT => INTEGER);

package KELLER_BOOL is new STACK (5, BOOLEAN);

...
KELLER_INT.PUSH (125);
KELLER_BOOL.POP (Q);
```

Für Unterprogramme, die als Parameter innerhalb von generischen Einheiten verwendet werden (ihnen wird, wie wir in den vorangegangenen Beispielen gesehen haben, das reservierte Wort **with** vorangestellt), können Vorbesetzungen angegeben werden.
Dazu gibt man den Namen des als Vorbesetzung zu benutzenden Unterprogramms an:

```
with function "<" (X, Y : ELEMENT_TYP) return BOOLEAN;
```

Diese Vorbesetzung wird bei einer Ausprägung für den Parameter genommen, falls der Programmierer nicht explizit einen aktuellen Wert einsetzt.

Eine Vorbesetzung muß aber nicht genau spezifiziert werden, sondern kann sich nach dem Kontext richten, in dem eine Ausprägung durchgeführt wird. Falls nämlich das Symbol <> nach **is** in der Definition eines generischen formalen Unterprogramms geschrieben wird, kann die Angabe eines aktuellen Unterprogramms entfallen, falls bei der Ausprägung ein Unterprogramm sichtbar ist, das denselben Namen hat wie der formale Parameter (und bei dem Anzahl, Art und Typ der Parameter übereinstimmen).

Dieses Unterprogramm wird dann als aktueller Wert genommen, falls er nicht explizit vom Programmierer überschrieben wird.

Diese Konvention bewährt sich vor allem dann, wenn es sich bei dem formalen Unterprogramm um einen Operator handelt.

```
generic
  type ELEMENT is private;
  with function "*" (X, Y : ELEMENT) return ELEMENT is <>;
function QUADRATUR (U : ELEMENT) return ELEMENT;

function QUADRATUR (U : ELEMENT) return ELEMENT is
begin
  return U*U;
end QUADRATUR;
```

Seien die Funktionen

function KOMPLEX_MULT (X, Y : KOMPLEX) **return** KOMPLEX;

und

function ″*″ (X,Y : RATIONAL) **return** RATIONAL;

vorgegeben, dann kann man folgende Ausprägung durchführen:

function HOCH_ZWEI **is new** QUADRATUR (KOMPLEX, KOMPLEX_MULT);

function HOCH_ZWEI **is new** QUADRATUR (RATIONAL);

Für

function ″*″ (X, Y : VEKTOR) **return** FLOAT;

kann natürlich keine Ausprägung

function NORM **is new** QUADRATUR (VEKTOR, ″*″);

durchgeführt werden, da der Ergebnistyp von ″*″ nicht passend ist. Hier wird
der Übersetzer einen Fehler melden.

9. AUSNAHMEBEHANDLUNG

In herkömmlichen höheren Programmiersprachen führen Fehler, die das Laufzeitsystem oder die Hardware während der Programmausführung erkennen, gewöhnlich zum (häufig ungewollten) Abbruch des Programmlaufs. In der Programmiersprache Ada kann der Programmierer die Fehlerbehandlung selbst steuern. Zu diesem Zweck werden bei Fehlern, die das Grundsystem erkennt, sowie bei anderen, vom Benutzerprogramm selbst festgestellten Fehlersituationen *Ausnahmen* (exceptions) ausgelöst. Die Ausnahme führt zur Ausführung einer *Ausnahmebehandlung*, die der Programmierer angeben kann. Mit dieser Technik werden alle Laufzeitfehler abgefangen. Die Standardreaktion des Programmabbruchs erhält der Programmierer nur dann, wenn er selbst keine andere Behandlung vorschreibt.

Dem Umgang mit Ausnahmen dienen drei Sprachelemente:

- die Vereinbarung einer Ausnahme,
- das explizite Auslösen einer Ausnahme (Raise-Anweisung) und
- die Ausnahmebehandlung, d.i. eine Anweisungsfolge, die ausgeführt wird, wenn die zugehörige Ausnahme ausgelöst wurde.

Wenn eine Anweisung A von einer Aussage P über den Programmzustand zu einer Aussage Q führt:

$\{P\}$ A $\{Q\}$

und während der Ausführung von A eine Ausnahme ausgelöst wird, zerlegt dieses Ergebnis die Ausführung von A in zwei Teile A' (den ausgeführten Teil) und A'' (den noch nicht ausgeführten Teil). Soll nun die Ausnahmebehandlung E den Zustand so korrigieren, daß man anschließend mit A'' fortfahren kann, müßte man eine Zustandsaussage P' kennen, von der aus man mit A'' die Aussage Q erreichen könnte und erhielte dann:

$\{P\}$ A'; E; $\{P'\}$ A'' $\{Q\}$

Diese Idee führt jedoch aus mehreren Gründen nicht zum gewünschten Ziel. Es kann mehrere Programmstellen geben, an denen die Ausnahme ausgelöst werden kann. Die Zerlegung in A', A'' und damit auch die Aussage P' sind daher nicht eindeutig bestimmt, und die Situation ist durch eine fixierte Ausnahmebehandlung E nicht reparierbar. Auch könnte die Ausnahme mitten aus einer Formel stammen und der benötigte Zustand ließe sich auf der Ebene der höheren Programmiersprache weder beschreiben noch herstellen. (Dies ähnelt der Situation auf dem Hardware-Niveau, wo es im allgemeinen auch nicht möglich ist, eine Anweisung, d.h. einen Befehl, nach einer Unterbrechung an der Unterbrechungsstelle fortzusetzen.)

Ada schreibt stattdessen vor, daß die Ausnahmebehandlung selbst jeweils einem Block, einem Unterprogrammrumpf, dem Rumpf eines Pakets oder eines Prozesses zugeordnet wird. Die Ausführung der jeweils zugeordneten

Programmeinheit wird durch die Ausführung der Ausnahmebehandlung beendet. Die Ausnahmebehandlung hat damit jeweils ein klar definiertes Ziel. Sie muß den für diese Programmeinheit vorgesehenen Endzustand herstellen, also beispielsweise bei einem Funktionsrumpf ein geeignetes Funktionsergebnis bestimmen.

9.1 Ausnahmevereinbarungen

Durch eine *Ausnahmevereinbarung*

    Ausnahmebezeichner : **exception**;

können wir eine neue Ausnahme definieren. Der Gültigkeitsbereich dieser Ausnahme ist genauso definiert wie z.B. für Objekte. Nur innerhalb dieses Gültigkeitsbereichs können wir die Ausnahme auslösen und ihr eine Ausnahmebehandlung zuordnen.

Eine Reihe von Ausnahmen sind vordefiniert und werden implizit durch vom Übersetzer erzeugte Tests ausgelöst. Diese Ausnahmen werden daher im Programm nicht vereinbart, wohl aber sollte man für sie Ausnahmebehandlungen schreiben.

CONSTRAINT_ERROR wird ausgelöst
- beim Versuch, über einen leeren Zugriff auf ein Objekt zuzugreifen (access check),
- beim Versuch, eine nicht mit einer vorgegebenen Einschränkung verträgliche Diskriminante zuzuweisen oder auf eine Verbundkomponente zuzugreifen, die bei der vorgegebenen Diskriminante nicht existiert (discriminant check),
- beim Versuch, für eine Reihung oder einen Reihungstyp einen unzulässigen Index oder Indexbereich zu benutzen (index check),
- beim Versuch, eine unzulässige Anzahl von Komponenten für eine Reihung anzugeben (length check),
- beim Versuch, einen Wert zuzuweisen, der außerhalb eines geforderten Wertebereichs liegt (range check).

NUMERIC_ERROR wird ausgelöst,
- wenn das Ergebnis einer numerischen Operation außerhalb des auf der Maschine darstellbaren Wertebereichs liegt (overflow check) oder
- wenn bei der Division oder Restbildung durch Null dividiert wird (division check).

STORAGE_ERROR wird ausgelöst,
- wenn der lokale Speicher eines Prozesses oder des Hauptprogramms oder der für anonyme Objekte eines bestimmten Zugriffstyps vorgesehene Speicher nicht ausreicht (storage check).

TASKING_ERROR wird ausgelöst,
- wenn während der Prozeß-Kommunikation eine Ausnahme ausgelöst wird
(vgl. Kapitel 6).

PROGRAM_ERROR wird ausgelöst,
- wenn in einer Select-Anweisung alle Alternativen geschlossen sind und kein else-Teil existiert (vgl. Kapitel 6) oder
- wenn versucht wird, ein Unterprogramm aufzurufen, einen Prozeß zu aktivieren oder eine Ausprägung durchzuführen, obwohl der Rumpf der entsprechenden Programmeinheit noch nicht abgearbeitet wurde (elaborate check).

9.2 Form der Ausnahmebehandlung

Eine *Ausnahmebehandlung* hat die Form

    when Ausnahmen => Anweisungsfolge

Ausnahmen sind dabei eine Folge von einem oder mehreren, durch | getrennten
Ausnahmebezeichnern. Diese müssen an der Stelle der Ausnahmebehandlung
sichtbar sein. In einer Folge von Ausnahmebehandlungen kann zum Schluß anstelle eines Ausnahmebezeichners das reservierte Wort **others** erscheinen. Damit
wird die Behandlung aller bis dahin nicht explizit genannten Ausnahmen bestimmt.

Die Angabe einer Ausnahmebehandlung bestimmt, daß bei Auslösung einer
der genannten Ausnahmen die darauf folgende Anweisungsfolge ausgeführt und
danach die umfassende Programmeinheit beendet werden soll. Ausnahmebehandlungen können immer nur im Anweisungsteil eines Blocks oder Rumpfs unmittelbar vor dem **end** definiert sein. Schematisch sind Ausnahmebehandlungen
also folgendermaßen in das Programm eingebettet

```
begin
  Anweisungsfolge
exception
  when Ausnahme1 | Ausnahme2 => Anweisungsfolge A
  when Ausnahme3 => Anweisungsfolge B
  when others => Anweisungsfolge C
end;
```

Innerhalb der Ausnahmebehandlung sind alle lokal in der umgebenden Programmeinheit gültigen Bezeichner definiert und zugänglich. Eine Ausnahmebehandlung kann selbst weitere Ausnahmen auslösen. Außer wenn dies in einem
inneren, in die Ausnahmebehandlung geschachtelten Block geschieht, führt eine
solche Ausnahme stets zur sofortigen Beendigung der umgebenden Programmeinheit. Die ausgelöste Ausnahme wird dann so behandelt, als ob es in
dieser Programmeinheit keine Ausnahmebehandlung dafür gegeben hätte.

9.3 Das Auslösen von Ausnahmen

Vordefinierte und etwaige implementierungsabhängig definierte Ausnahmen
können implizit ohne Aufforderung seitens des Programmierers ausgelöst werden. Es kann also sinnvoll sein, beispielsweise eine Ausnahmebehandlung für
NUMERIC_ERROR zu schreiben, obwohl im ganzen Programm diese Ausnahme
nicht in sichtbarer Weise ausgelöst wird. Vordefinierte und sonstige Ausnahmen können durch eine *Raise-Anweisung* ausgelöst werden:

raise Ausnahme;

Wird eine Ausnahme während der Abarbeitung der Anweisung eines Blocks
oder einer Programmeinheit ausgelöst, so wird untersucht, ob diese Programmeinheit eine Ausnahmebehandlung für die gegebene Ausnahme enthält.
Ist dies der Fall, so wird diese Ausnahmebehandlung angestoßen und damit die
Ausführung der Programmeinheit beendigt. Die Ausnahmebehandlung selbst
kann, wie zuvor erwähnt, weitere Ausnahmebehandlungen anstoßen. Tut sie
dies mit der Anweisung

raise;

ohne Angabe eines Ausnahmebezeichners, so löst sie damit die gleiche Ausnahme nochmals aus, die zum Aufruf der Ausnahmebehandlung selbst geführt hat.
Diese verkürzte Form der Ausnahmeauslösung kann also nur in einer Ausnahmebehandlung auftreten.

Enthält der Block oder die Programmeinheit, in der die Ausnahme ausgelöst
wurde, selbst keine Ausnahmebehandlung für die ausgelöste Ausnahme, oder
trat die Ausnahme im Vereinbarungsteil des Blocks oder der Programmeinheit
oder während einer Ausnahmebehandlung auf, so wird die Ausführung der Programmeinheit beendet und die Ausnahme in der "Ausführungs-Umgebung" des
Blocks oder der Programmeinheit neu ausgelöst.

- Trat die Ausnahme im Vereinbarungsteil eines Unterprogramms auf, so wird
  die Ausnahme an der Stelle der Aufrufs neu ausgelöst.
- Trat die Ausnahme im Vereinbarungsteil eines Blocks auf, so wird die Aus-
  nahme im Anschluß an die Blockanweisung neu ausgelöst.
- Trat die Ausnahme im Vereinbarungsteil eines Paketrumpfs auf, so wird die
  Ausnahme in der umfassenden Programmeinheit des Rumpfs neu ausgelöst.
  War das Paket jedoch eine Bibliothekseinheit, so hat der Rumpf keine Umge-
  bung und das Gesamtprogramm bricht ab.
- Trat die Ausnahme im Vereinbarungsteil eines Prozeßrumpfs auf, so wird die
  Ausnahme in der Programmeinheit neu ausgelöst, in der der Prozeß aktiviert
  wurde.
- Trat die Ausnahme während einer Unterprogramm-, Paket- oder Prozeßver-
  einbarung auf, so wird die Ausnahme im Anschluß an diese Vereinbarung neu
  ausgelöst.

Wann immer man hierbei in die Umgebung des Hauptprogramms oder in die Umgebung einer Bibliothekseinheit gerät, wird die gesamte Programmausführung abgebrochen.

Auf die Probleme beim Auslösen von Ausnahmen während der Prozeß-Kommunikation wurde bereits in Kapitel 6 eingegangen.

10. MASCHINENNAHES PROGRAMMIEREN

Die Begriffe, in denen die Sprache Ada definiert ist (Typen, Objekte, Operationen) und die Begriffe, in denen reale Maschinen definiert werden (Adressen, Bitmuster, Befehlscodes, Unterbrechungen) stimmen nicht überein. In den meisten Fällen ist dadurch die Problemlösung mit Ada nicht betroffen, da man von den Begriffen der Maschinen völlig abstrahieren kann (und will) und die Problemlösung nur in Begriffen der Programmiersprache formuliert. Diese Begriffe werden durch den Übersetzer in irgendeiner Weise in die Begriffe der Maschine abgebildet, so daß letztere die Begriffe der Sprache realisieren. In einigen Fällen muß jedoch das Programm mit den Größen der realen Maschinen oder allgemein mit Größen von nicht-Ada Komponenten eines Systems arbeiten, um z.B. Routinen des Betriebssystems oder in anderen Programmiersprachen realisierte Systemkomponenten aufzurufen.

Man würde dieses Problem vermeiden, wenn sämtliche Systemkomponenten, also auch die Hardware, in der Begriffswelt von Ada konstruiert wären. Es gibt Arbeiten in dieser Richtung, bei denen Hardware und Betriebssystem ausschließlich durch Ada-Größen beschrieben werden. Solange es jedoch noch andere Maschinen und Systeme gibt (d.h. wahrscheinlich ewig), müssen andere Wege gefunden werden, um Ada und diese sonstigen Komponenten zusammenzubringen. Bei fast allen bisherigen Sprachen löste man dieses Problem, indem man Kenntnisse über das verwendete System und über die Strategie des Übersetzers ausnutzte, mit der er die Größen der Sprache auf Größen des Systems abbildet. Dadurch geht natürlich die Portabilität des Programms verloren. Würde es gelingen, das Programm mit den spezifischen Eigenschaften des Systems zu parametrisieren, so könnte dadurch die Portabilität erhalten bleiben. Oft ist die Portabilität des Programms jedoch nicht kritisch, da das Programm so spezifische Annahmen über das Zielsystem macht, daß seine Ablauffähigkeit in einem anderen Zielsystem gar nicht angestrebt wird. Die Verwendung verschiedener Übersetzer für solche Programme ist jedoch bei diesem Vorgehen nicht möglich, da das Programm eine spezielle Übersetzerstrategie voraussetzt. Dies ist aber eine Voraussetzung für die in der Praxis übliche Entwicklung von Programmen für ein Zielsystem auf verschiedenen Gastsystemen.

Man hat deshalb in Ada zwei Maßnahmen ergriffen, um auf Größen des umgebenden Systems einzugehen.

- Parametrisierbarkeit des Programms durch systemspezifische Eigenschaften und
- Beschreibbarkeit des Zusammenhangs zwischen Ada-Größen und System-Größen.

Um dieses Vorgehen sauber durchzuführen, müßte man zunächst die Eigenschaften oder Größen möglicher Systeme exakt charakterisieren.

Ada läßt eine solche exakte Charakterisierung aus und deutet lediglich an einigen Stellen die Annahmen über mögliche Zielsysteme an, z.B.

- (stückweise) linearer Speicher,
- Adressierbarkeit von Speichereinheiten (storage units),
- intuitive Bitdarstellung einfacher Objekte,
- zusammenhängende Darstellbarkeit zusammengesetzter Objekte,
- physische Trennung von Code und Daten,
- Adressierbarkeit von Code.

Konkret werden in Ada folgende Konzepte zum maschinennahen Programmieren angeboten.

- Attribute und das vordefinierte Paket SYSTEM zur Abfrage von Systemeigenschaften,
- Darstellungsklauseln und Pragmas zur Festlegung oder Empfehlung der Abbildung von Ada-Größen auf System-Größen,
- Anschluß von Unterprogrammen aus anderen Sprachen,
- Formulierung von Maschinensprache-Unterprogrammen in Ada,
- Zuordnung von Maschinen-Unterbrechungen zu Prozeßeingängen.

Kann ein Übersetzer diese Spezifikationen nicht erfüllen, so muß er sie ausdrücklich zurückweisen und darf das Programm nicht übersetzen.

10.1 Maschinenattribute und das Paket SYSTEM

Auf *Attribute* sind wir bereits in Kapitel 7.9 eingegangen. Es gibt spezielle Attribute, die Eigenschaften des Systems oder Strategien des Übersetzers angeben, z.B.

Attributname	anwendbar auf	Eigenschaft
address	Objekte, Programmeinheiten, Marken und Eingänge	Adresse der ersten von dieser Größe belegten Speichereinheit
machine_mantissa, machine_radix	Gleitpunkttyp	tatsächliche Mantissenlänge Basis der Darstellung von Werten dieses Typs.
size	Objekte	Größe des Objekts in bit
size	Typen	minimale Größe zur Darstellung von Werten dieses Typs.
storage_size	Zugriffstypen	Größe der Kollektion in bytes.
storage_size	Prozesse	Datenspeicher des Prozesses in bytes.

Das vordefinierte Paket SYSTEM stellt systemabhängige Konstanten zur Verfügung.

```
package SYSTEM is
  type ADDRESS is ...;
  type NAME is ...;                          -- mögliche Maschinenkonfigurationen

  SYSTEM_NAME : constant NAME := ...;        -- aktuelle Konfiguration

  STORAGE_UNIT : constant := ...;            -- Größe einer Speichereinheit in bit
  MEMORY_SIZE : constant := ...;             -- Speichergröße in Speichereinheiten

  MIN_INT : constant := ...;                 -- kleinste bzw. größte Zahl aller
  MAX_INT : constant := ...;                 -- vordefinierten ganzzahligen Typen
  MAX_DIGITS : constant := ...;              -- maximale Anzahl signifikanter
                                             -- Dezimalziffern für Gleitpunkttypen
  MAX_MANTISSA : constant := ...;            -- maximale Anzahl von Dualziffern für
                                             - die Mantisse bei Festpunkttypen
  FINE_DELTA : constant := ...;              -- kleinstes Delta für einen
                                             -- Festpunkttyp mit Bereich -1.0 .. 1.0
  TICK : constant := ...;                    -- kleinste Zeitdifferenz der Systemuhr,
                                             -- in Sekunden

  subtype PRIORITY is INTEGER range ...;
  ...
end SYSTEM;
```

wobei ... vom System oder vom Übersetzer abhängig ist.

10.2 Darstellungsklauseln und -pragmas

Darstellungsklauseln legen die Abbildung von Ada-Größen auf System-Größen fest oder schränken sie zumindest ein. Darstellungsklauseln und -pragmas dürfen irgendwo innerhalb eines Vereinbarungsteils vorkommen. Jedoch müssen sie auftreten, bevor irgendeine Eigenschaft der Größe bei der Übersetzung gebraucht wird, weil zu diesem Zeitpunkt alle Eigenschaften endgültig festgelegt werden.
Ihre allgemeine Form ist

```
for Größe use Eigenschaft;
```

wodurch für die Abbildung von Größe die angegebene Eigenschaft gefordert wird.

Im einzelnen gibt es Spezifikationen für
- die Festlegung oder Beschränkung des Speicherplatzes einer Größe (*Längenklausel*), z.B.

```
for T'SIZE use 1000;           -- Maximale Größe eines Objekts
                               -- vom Typ T in bit.
for Z'STORAGE_SIZE use 1000;   -- Anzahl der Speichereinheiten für
                               -- die Kollektion des Zugriffstyps Z.
for P'STORAGE_SIZE use 1000;   -- Anzahl der Speichereinheiten für
                               -- eine Aktivierung des Prozesses P
```

- Darstellung der Literale eines Aufzählungstyps (*Aufzählungsdarstellungsklausel*),

```
type CODE is (ADD, SUB, MUL, LDA, STA, STZ);
for CODE use (ADD => 1, SUB => 2, MUL => 3,
              LDA => 8, STA => 24, STZ => 33);
```

- Darstellung der Werte eines Verbundtyps (*Verbunddarstellungsklausel*),

```
WORD : constant := 4;
type PROGRAM_STATUS_WORD is
  record
    SYSTEM_MASK : BYTE_MASK;
    PROTECTION_KEY : INTEGER range 0 .. 3;
    ...
  end record;
for PROGRAM_STATUS_WORD use
  record at mod 8; -- Ausrichtung
    SYSTEM_MASK at 0*WORD range 0 .. 7;
    PROTECTION_KEY at 0*WORD range 10 .. 11; -- bit 8, 9 nicht belegt
    ...
  end record;
```

- Festlegung der Adresse eines Objekts, einer Programmeinheit oder eines Eingangs (*Adreßklausel*). Bei der Verbindung eines Eingangs mit der Adresse eines Hardware-Interrupts führt die Auslösung dieses Interrupts zum Aufruf dieses Eingangs (mit höchster Priorität).

```
for OVERFLOW_INTERRUPT use at 16#0020#;
```

Während Darstellungsklauseln Eigenschaften festlegen, geben *Pragmas* lediglich Empfehlungen an den Übersetzer, die dieser jedoch ignorieren kann. Solche Pragmas sind z.B.
- **pragma** PACK (T) zur Minimierung der Lücken zwischen Komponenten zusammengesetzter Objekte vom Typ T,
- **pragma** INLINE (U) zum Einkopieren des Codes eines Unterprogramms U an die Aufrufstelle.

10.3   Anschluß von Unterprogrammen einer anderen Sprache

Die Zusammenführung von Systemteilen aus verschiedenen Sprachen stellt harte Forderungen an die Verträglichkeit der Laufzeitsysteme und Übersetzerstrategien. Wenn diese Anforderungen erfüllt sind, so kann die Kommunikation zwischen diesen Systemteilen über eine prozedurale Schnittstelle erfolgen, d.h. ein Systemteil ruft Prozeduren des anderen Teils auf und kann dabei Parameter übergeben und Resultate empfangen. Dabei hat der Übersetzer dafür zu sorgen, daß Aufruf- und Parameterübergabemechanismen sowie eventuell unterschiedliche Wertdarstellungen beim Übergang angepaßt werden. Die Überprüfung auf Einhaltung der Schnittstelle und auf Einhaltung für die Verträglichkeit notwendiger Konventionen kann der Übersetzer jedoch i.a. nicht durchführen, so daß dieses Konzept mit größter Vorsicht zu genießen ist. Die Einbettung der angeschlossenen Systemteile in das Bibliothekskonzept von Ada ist offengelassen. Die Verwendung dieses Konzepts erfolgt durch das Pragma

   pragma INTERFACE (Sprachname, Unterprogrammname);

das bei der Unterprogrammvereinbarung auftauchen muß und den Rumpf des Unterprogramms ersetzt.

11. VORDEFINIERTE UMGEBUNG

Wir unterscheiden in Ada zwei Formen von vordefinierter Umgebung: erstens eine gedachte, in Ada selbst nicht ausdrückbare Einbettung jeder Übersetzungseinheit in ein Paket STANDARD und zweitens eine Reihe vordefinierter Übersetzungseinheiten, deren Vereinbarungen in Ada ausdrückbar sind. Zu den vordefinierten Paketen gehört insbesondere die in Ada definierte Ein-/Ausgabe, auf die wir in einem folgenden Kapitel näher eingehen werden.

11.1 Das Paket STANDARD

Jede Übersetzungseinheit der Form

with A, B, C;
package P **is**

   ...

end P;

stellt man sich in einer Umgebung des Pakets STANDARD wie folgt vor:

```
package STANDARD is
   ... - vordefinierte Größen
   package A is ... end A;      -- gedachte Vereinbarung
   procedure B (...);           -- der importierten
   function C;                  -- Einheiten

   package P is
      ...
   end P;
end STANDARD;
```

Damit kann man die importierten Einheiten nach den Regeln aus Kapitel 7.9 auch stets als

STANDARD.A

benennen, was für den Fall interessant ist, falls der Name A an der Anwendungsstelle verdeckt ist. Ebenso können alle in STANDARD vordefinierten Größen auch als selektierte Namen geschrieben werden, z.B.

STANDARD.INTEGER

Man beachte dabei, daß alle Operationen eines Typs implizit an der Stelle der Typvereinbarung vereinbart werden, so daß man auch

STANDARD."+"(I, 5)

schreiben kann. Es folgen die wesentlichen in STANDARD vordefinierten Größen.

```
package STANDARD is

  type BOOLEAN is (FALSE, TRUE);

  type INTEGER is ...;

  -- eventuell weitere ganzzahlige Typen, wie SHORT_INTEGER, LONG_INTEGER

  type FLOAT is ...;

  -- eventuell weitere Gleitpunkttypen, wie SHORT_FLOAT, LONG_FLOAT

  type CHARACTER is
    (nul,    soh,    stx,    etx,    eot,    enq,    ack,    bel,
     bs,     ht,     lf,     vt,     ff,     cr,     so,     si,
     dle,    dc1,    dc2,    dc3,    dc4,    nak,    syn,    etb,
     can,    em,     sub,    esc,    fs,     gs,     rs,     us,

     ' ',    '!',    '"',    '#',    '$',    '%',    '&',    '''',
     '(',    ')',    '*',    '+',    ',',    '-',    '.',    '/',
     '0',    '1',    '2',    '3',    '4',    '5',    '6',    '7',
     '8',    '9',    ':',    ';',    '<',    '=',    '>',    '?',

     '@',    'A',    'B',    'C',    'D',    'E',    'F',    'G',
     'H',    'I',    'J',    'K',    'L',    'M',    'N',    'O',
     'P',    'Q',    'R',    'S',    'T',    'U',    'V',    'W',
     'X',    'Y',    'Z',    '[',    '\',    ']',    '^',    '_',

     '`',    'a',    'b',    'c',    'd',    'e',    'f',    'g',
     'h',    'i',    'j',    'k',    'l',    'm',    'n',    'o',
     'p',    'q',    'r',    's',    't',    'u',    'v',    'w',
     'x',    'y',    'z',    '{',    '|',    '}',    '~',    del);

  for CHARACTER use (0, 1, 2, ..., 125, 126, 127);

  package ASCII is
    NUL : constant CHARACTER := NUL;
    STX : constant CHARACTER := STX;
    ...
    EXCLAM : constant CHARACTER := '!';
    ...
    LC_A : constant CHARACTER := 'a';
    ...
    LC_Z : constant CHARACTER := 'z';
  end ASCII;

  subtype NATURAL is INTEGER range 0 .. INTEGER'LAST;
  subtype POSITIVE is INTEGER range 1 .. INTEGER'LAST;

  type STRING is array (POSITIVE range <>) of CHARACTER;
```

```
pragma PACK (STRING);

type DURATION is delta ... range ...;

CONSTRAINT_ERROR : exception;
NUMERIC_ERROR     : exception;
PROGRAM_ERROR     : exception;
STORAGE_ERROR     : exception;
TASKING_ERROR     : exception;

end STANDARD;
```

11.2 Vordefinierte Pakete

Ada verlangt, daß eine Reihe von Paketen mit vorgegebener Vereinbarung als Bibliothekspakete vordefiniert sind. Dies sind z.B.
- CALENDAR (siehe 6.4),
- SYSTEM (siehe 10.1),
- SEQUENTIAL_IO,
- DIRECT_IO,
- TEXT_IO.

Die letzten drei Pakete definieren binäre und textuelle EA in Form von Ada-Größen. Diese Pakete werden im folgenden aufgelistet. Ihre Bedeutung möge aus den Bezeichnern hervorgehen.

```
generic
   type ELEMENT_TYPE is private;
package SEQUENTIAL_IO is

   type FILE_TYPE is limited private;
   type FILE_MODE is (IN_FILE, OUT_FILE);

   -- file management

   procedure CREATE (FILE : in out FILE_TYPE;
                     MODE : in FILE_MODE := OUT_FILE;
                     NAME : in STRING := "";
                     FORM : in STRING := "");
   procedure OPEN (FILE : in out FILE_TYPE;
                   MODE : in FILE_MODE;
                   NAME : in STRING;
                   FORM : in STRING := "");
   procedure CLOSE  (FILE : in out FILE_TYPE);
   procedure DELETE (FILE : in out FILE_TYPE);
```

```
procedure RESET  (FILE : in out FILE_TYPE; MODE : in FILE_MODE);
procedure RESET  (FILE : in out FILE_TYPE);

function MODE (FILE : in FILE_TYPE) return FILE_MODE;
function NAME (FILE : in FILE_TYPE) return STRING;
function FORM (FILE : in FILE_TYPE) return STRING;

function IS_OPEN (FILE : in FILE_TYPE) return BOOLEAN;

-- input and output operations

procedure READ  (FILE : in FILE_TYPE; ITEM : out ELEMENT_TYPE);
procedure WRITE (FILE : in FILE_TYPE; ITEM : in ELEMENT_TYPE);

function END_OF_FILE (FILE : in FILE_TYPE) return BOOLEAN;

-- exceptions

STATUS_ERROR : exception;
MODE_ERROR   : exception;
NAME_ERROR   : exception;
USE_ERROR    : exception;
DEVICE_ERROR : exception;
END_ERROR    : exception;
DATA_ERROR   : exception;

private
  -- implementation dependent
end SEQUENTIAL_IO;


generic
  type ELEMENT_TYPE is private;
package DIRECT_IO is

  type FILE_TYPE is limited private;

  type FILE_MODE is (IN_FILE, INOUT_FILE, OUT_FILE);
  type COUNT is range 0 .. ...;
  subtype POSITIVE_COUNT is COUNT range 1 .. COUNT'LAST;

  -- file management

  procedure CREATE (FILE : in out FILE_TYPE;
                    MODE : in FILE_MODE := INOUT_FILE;
                    NAME : in STRING := "";
                    FORM : in STRING := "");

  procedure OPEN (FILE : in out FILE_TYPE;
                  MODE : in FILE_MODE;
                  NAME : in STRING;
                  FORM : in STRING := "");
```

```ada
    procedure CLOSE (FILE : in out FILE_TYPE);
    procedure DELETE (FILE : in out FILE_TYPE);
    procedure RESET (FILE : in out FILE_TYPE; MODE : in FILE_MODE);
    procedure RESET (FILE : in out FILE_TYPE);

    function MODE (FILE : in FILE_TYPE) return FILE_MODE;
    function NAME (FILE : in FILE_TYPE) return STRING;
    function FORM (FILE : in FILE_TYPE) return STRING;

    function IS_OPEN (FILE : in FILE_TYPE) return BOOLEAN;

    -- input and output operations

    procedure READ (FILE : in FILE_TYPE;
                       ITEM : out ELEMENT_TYPE;
                       FROM : in POSITIVE_COUNT);
    procedure READ (FILE : in FILE_TYPE; ITEM : out ELEMENT_TYPE);
    procedure WRITE (FILE : in FILE_TYPE;
                       ITEM : in ELEMENT_TYPE;
                       TO   : in POSITIVE_COUNT);
    procedure WRITE (FILE : in FILE_TYPE; ITEM : in ELEMENT_TYPE);

    procedure SET_INDEX (FILE : in FILE_TYPE; TO : in POSITIVE_COUNT);

    function INDEX (FILE : in FILE_TYPE) return POSITIVE_COUNT;
    function SIZE  (FILE : in FILE_TYPE) return COUNT;

    function END_OF_FILE (FILE : in FILE_TYPE) return BOOLEAN;

    -- exceptions

    STATUS_ERROR : exception;
    MODE_ERROR   : exception;
    NAME_ERROR   : exception;
    USE_ERROR    : exception;
    DEVICE_ERROR : exception;
    END_ERROR    : exception;
    DATA_ERROR   : exception;

private
    -- implementation dependent
end DIRECT_IO;
```

```ada
package TEXT_IO is

   type FILE_TYPE is limited private;

   type FILE_MODE is (IN_FILE, OUT_FILE);

   type COUNT is range 0 .. ...;
   subtype POSITIVE_COUNT is COUNT range 1 .. COUNT'LAST;
   UNBOUNDED : constant COUNT := 0; -- line and page length

   subtype FIELD is INTEGER range 0 .. ...;
   subtype NUMBER_BASE is INTEGER range 2 .. 16;

   type TYPE_SET is (LOWER_CASE, UPPER_CASE);

   -- file management

   procedure CREATE (FILE : in out FILE_TYPE;
                     MODE : in FILE_MODE := OUT_FILE;
                     NAME : in STRING := "";
                     FORM : in STRING := "");

   procedure OPEN (FILE : in out FILE_TYPE;
                   MODE : in FILE_MODE;
                   NAME : in STRING;
                   FORM : in STRING := "");

   procedure CLOSE (FILE : in out FILE_TYPE);
   procedure DELETE (FILE : in out FILE_TYPE);
   procedure RESET (FILE : in out FILE_TYPE; MODE : in FILE_MODE);
   procedure RESET (FILE : in out FILE_TYPE);

   function MODE (FILE : in FILE_TYPE) return FILE_MODE;
   function NAME (FILE : in FILE_TYPE) return STRING;
   function FORM (FILE : in FILE_TYPE) return STRING;

   function IS_OPEN (FILE : in FILE_TYPE) return BOOLEAN;

   -- control of default input an output files

   procedure SET_INPUT (FILE : in FILE_TYPE);
   procedure SET_OUTPUT (FILE : in FILE_TYPE);

   function STANDARD_INPUT return FILE_TYPE;
   function STANDARD_OUTPUT return FILE_TYPE;

   function CURRENT_INPUT return FILE_TYPE;
   function CURRENT_OUTPUT return FILE_TYPE;

   -- specification of line and page lengths
   procedure SET_LINE_LENGTH (FILE : in FILE_TYPE; TO : in COUNT);
   procedure SET_LINE_LENGTH (TO : in COUNT);

   procedure SET_PAGE_LENGTH (FILE : in FILE_TYPE; TO : in COUNT);
   procedure SET_PAGE_LENGTH (TO : in COUNT);
```

```
function LINE_LENGTH (FILE : in FILE_TYPE) return COUNT;
function LINE_LENGTH return COUNT;

function PAGE_LENGTH (FILE : in FILE_TYPE) return COUNT;
function PAGE_LENGTH return COUNT;

-- column, line and page control

procedure NEW_LINE (FILE : in FILE_TYPE;
                    SPACING : in POSITIVE_COUNT := 1);
procedure NEW_LINE (SPACING : in POSITIVE_COUNT := 1);

procedure SKIP_LINE (FILE : in FILE_TYPE;
                     SPACING : in POSITIVE_COUNT := 1);
procedure SKIP_LINE (SPACING : in POSITIVE_COUNT := 1);

function END_OF_LINE (FILE : in FILE_TYPE) return BOOLEAN;
function END_OF_LINE return BOOLEAN;

procedure NEW_PAGE (FILE : in FILE_TYPE);
procedure NEW_PAGE;

procedure SKIP_PAGE (FILE : in FILE_TYPE);
procedure SKIP_PAGE;

function END_OF_PAGE (FILE : in FILE_TYPE) return BOOLEAN;
function END_OF_PAGE return BOOLEAN;

function END_OF_FILE (FILE : in FILE_TYPE) return BOOLEAN;
function END_OF_FILE return BOOLEAN;

procedure SET_COL (FILE : in FILE_TYPE; TO : in POSITIVE_COUNT);
procedure SET_COL (TO : in POSITIVE_COUNT);

procedure SET_LINE (FILE : in FILE_TYPE; TO : in POSITIVE_COUNT);
procedure SET_LINE (TO : in POSITIVE_COUNT);

function COL (FILE : in FILE_TYPE) return POSITIVE_COUNT;
function COL return POSITIVE_COUNT;

function LINE (FILE : in FILE_TYPE) return POSITIVE_COUNT;
function LINE return POSITIVE_COUNT;

function PAGE (FILE : in FILE_TYPE) return POSITIVE_COUNT;
function PAGE return POSITIVE_COUNT;

-- character input-output

procedure GET (FILE : FILE_TYPE; ITEM : out CHARACTER);
procedure GET (ITEM : out CHARACTER);

procedure PUT (FILE : FILE_TYPE; ITEM : in CHARACTER);
procedure PUT (ITEM : in CHARACTER);

string input-output

procedure GET (FILE : FILE_TYPE; ITEM : out STRING);
```

procedure GET (ITEM : **out** STRING);

procedure PUT (FILE : FILE_TYPE; ITEM : **in** STRING);
procedure PUT (ITEM : **in** STRING);

procedure GET_LINE (FILE : FILE_TYPE;
                          ITEM : **out** STRING;
                          LAST : **out** NATURAL);
procedure GET_LINE (ITEM : **out** STRING; LAST : **out** NATURAL);

procedure PUT_LINE (FILE : FILE_TYPE; ITEM : **in** STRING);
procedure PUT_LINE (ITEM : **in** STRING);

-- generic package for input-output of integer types

generic
  type NUM **is range** $<>$;
package INTEGER_IO **is**

  DEFAULT_WIDTH : FIELD := NUM'WIDTH;
  DEFAULT_BASE : NUMBER_BASE := 10;

  procedure GET (FILE : FILE_TYPE; ITEM : **out** NUM; WIDTH : **in** FIELD := 0);
  procedure GET (ITEM : **out** NUM; WIDTH : **in** FIELD := 0);

  procedure PUT (FILE : **in** FILE_TYPE;
               ITEM : **in** NUM;
               WIDTH : **in** FIELD := DEFAULT_WIDTH;
               BASE : **in** NUMBER_BASE := DEFAULT_BASE);

  procedure PUT (ITEM : **in** NUM;
               WIDTH : **in** FIELD := DEFAULT_WIDTH;
               BASE : **in** NUMBER_BASE := DEFAULT_BASE);

  procedure GET (FROM : **in** STRING; ITEM : **out** NUM; LAST : **out** POSITIVE);
  procedure PUT (TO : **out** STRING;
               ITEM : **in** NUM;
               BASE : **in** NUMBER_BASE := DEFAULT_BASE);

end INTEGER_IO;

```ada
-- generic packages for input-output of real types

generic
  type NUM is digits <>;
package FLOAT_IO is
  DEFAULT_FORE : FIELD := 2;
  DEFAULT_AFT : FIELD := NUM'DIGITS - 1;
  DEFAULT_EXP : FIELD := 3;

  procedure GET (FILE : in FILE_TYPE;
                 ITEM : out NUM;
                 WIDTH : in FIELD := 0);
  procedure GET (ITEM : out NUM; WIDTH : in FIELD := 0);

  procedure PUT (FILE : in FILE_TYPE;
                 ITEM : in NUM;
                 FORE : in FIELD := DEFAULT_FORE;
                 AFT : in FIELD := DEFAULT_AFT;
                 EXP : in FIELD := DEFAULT_EXP);

  procedure PUT (ITEM : in NUM;
                 FORE : in FIELD := DEFAULT_FORE;
                 AFT : in FIELD := DEFAULT_AFT;
                 EXP : in FIELD := DEFAULT_EXP);

  procedure GET (FROM : in STRING; ITEM : out NUM; LAST : out POSITIVE);
  procedure PUT (TO : out STRING;
                 ITEM : in NUM;
                 AFT : in FIELD := DEFAULT_AFT;
                 EXP : in FIELD := DEFAULT_EXP);

end FLOAT_IO;

generic
  type NUM is delta <>;
package FIXED_IO is
  DEFAULT_FORE : FIELD := NUM'FORE;
  DEFAULT_AFT : FIELD := NUM'AFT;
  DEFAULT_EXP : FIELD := 0;

  ...

  Prozeduren wie in FLOAT_IO

  ...

end FIXED_IO;
```

```
-- generic package for input-output of enumeration types

generic
   type ENUM is (<>);
package ENUMERATION_IO is

   DEFAULT_WIDTH : FIELD := 0;
   DEFAULT_SETTING : TYPE_SET := UPPER_CASE;

   procedure GET (FILE : in FILE_TYPE; ITEM : out ENUM);
   procedure GET (ITEM : out ENUM);

   procedure PUT (FILE : in FILE_TYPE;
                  ITEM : in ENUM;
                  WIDTH : FIELD := DEFAULT_WIDTH;
                  SET : in TYPE_SET := DEFAULT_SETTING);

   procedure PUT (ITEM : in ENUM;
                  WIDTH : FIELD := DEFAULT_WIDTH;
                  SET : in TYPE_SET := DEFAULT_SETTING);

   procedure GET (FROM : in STRING; ITEM : out ENUM; LAST : out POSITIVE);
   procedure PUT (TO : out STRING;
                  ITEM : in ENUM;
                  SET  : in TYPE_SET := DEFAULT_SETTING);

end ENUMERATION_IO;

-- exceptions

STATUS_ERROR : exception;
MODE_ERROR   : exception;
NAME_ERROR   : exception;
USE_ERROR    : exception;
DEVICE_ERROR : exception;
END_ERROR    : exception;
DATA_ERROR   : exception;

private
   -- implementation dependent
end TEXT_IO;
```

ANHANG A: LEXIKALISCHE UND SYNTAKTISCHE FORM

Es folgt die vollständige kontextfreie Grammatik für Ada. Die Zeichen {, }, [und] sind Metazeichen und bedeuten, daß man das Konstrukt innerhalb der Klammern beliebig oft schreiben oder daß man es auch weglassen kann. Kursiv gedruckte Teile eines Symbols beschreiben geforderte Eigenschaften dieses Konstrukts. Kommentare geben die Überschriften des Referenzmanuals an. Am Ende des Anhangs befindet sich ein alphabetischer Index, der auf die Definition der in der Grammatik vorkommenden Symbole verweist.

```
--  ---------------------------------------
--
--              2. Lexikalische Elemente
--
--  ---------------------------------------
--
-- 2.1 Zeichensatz
--

Schriftzeichen ::=
    Basis_Schriftzeichen | Kleinbuchstabe | anderes_Sonderzeichen

Basis_Schriftzeichen ::=
    Großbuchstabe | Ziffer | Sonderzeichen | Leerzeichen

Basis_Zeichen ::= Basis_Schriftzeichen | Formatsteuerzeichen

--
-- 2.3 Bezeichner
--

Bezeichner ::= Buchstabe {[Unterstreichung] Buchstabe_oder_Ziffer}

Buchstabe_oder_Ziffer ::= Buchstabe | Ziffer

Buchstabe ::= Großbuchstabe | Kleinbuchstabe

--
-- 2.4 Numerische Literale
--

numerisches_Literal ::= dezimales_Literal | basisbezogenes_Literal

--
-- 2.4.1 Dezimale Literale
--

dezimales_Literal ::= ganze_Zahl [.ganze_Zahl] [Exponent]

ganze_Zahl ::= Ziffer {[Unterstreichung] Ziffer}

Exponent ::= E [+] ganze_Zahl | E - ganze_Zahl
```

2.4.2 Basisbezogene Literale

basisbezogenes_Literal ::= Basis # basisbezogene_ganze_Zahl [.basisbezogene_ganze_Zahl] # [Exponent]

Basis ::= ganze_Zahl

basisbezogene_ganze_Zahl ::= Sonderziffer {[Unterstreichung] Sonderziffer}

Sonderziffer ::= Ziffer | Buchstabe

2.5 Zeichenliterale

Zeichenliteral ::= 'Schriftzeichen'

2.6 Zeichenkettenliterale

Zeichenkettenliteral ::= " {Schriftzeichen} "

2.8 Pragmas

Pragma ::= **pragma** Bezeichner [(Argument_Zuordnung {, Argument_Zuordnung})];

Argument_Zuordnung ::=
  [*Argument*_Bezeichner =>] Name
| [*Argument*_Bezeichner =>] Ausdruck

```
+-------------------------------------------+
|                                           |
|        3.  Vereinbarungen und Typen       |
|                                           |
+-------------------------------------------+
```

3.1 Vereinbarungen

Grundvereinbarung ::=
  Objektvereinbarung | Zahlvereinbarung
| Typvereinbarung | Untertypvereinbarung
| Unterprogrammvereinbarung | Paketvereinbarung
| Prozeßvereinbarung | generische_Vereinbarung
| Ausnahmevereinbarung | generische_Ausprägung
| Synonymvereinbarung | offene_Konstantenvereinbarung

3.2 Objekte und benannte Zahlen

Objektvereinbarung ::=
  Bezeichnerliste : [**constant**] Untertypangabe [:= Ausdruck];
  | Bezeichnerliste : [**constant**] eingeschränkte_Reihungsdefinition [:= Ausdruck];

Zahlvereinbarung ::=
  Bezeichnerliste : **constant** := *universeller_statischer_*Ausdruck;

Bezeichnerliste ::= Bezeichner {, Bezeichner}

3.3 Typen und Untertypen

Typvereinbarung ::=
  vollständige_Typvereinbarung
  | unvollständige_Typvereinbarung
  | private_Typvereinbarung

vollständige_Typvereinbarung ::=
  type Bezeichner [Diskriminantenteil] **is** Typdefinition;

Typdefinition ::=
  Definition_eines_Aufzählungstyps | Definition_eines_ganzzahligen_Typs
  | Definition_eines_reellen_Typs | Definition_eines_Reihungstyps
  | Definition_eines_Verbundtyps | Definition_eines_Zugriffstyps
  | Definition_eines_abgeleiteten_Typs

Untertypvereinbarung ::= **subtype** Bezeichner **is** Untertypangabe;

Untertypangabe ::= Typkennung [Einschränkung]

Typkennung ::= *Typ_*Name | *Untertyp_*Name

Einschränkung ::=
  Bereichseinschränkung | Gleitpunkteinschränkung
  | Festpunkteinschränkung | Indexeinschränkung
  | Diskriminanteneinschränkung

3.4 Abgeleitete Typen

Definition_eines_abgeleiteten_Typs ::= **new** Untertypangabe

3.5 Skalare Typen

Bereichseinschränkung ::= **range** Bereich

Bereich ::= *Bereichs*_Attribut | einfacher_Ausdruck .. einfacher_Ausdruck

--
-- 3.5.1 Aufzählungstypen
--

Definition_eines_Aufzählungstyps ::=
    (Spezifikation_eines_Aufzählungsliterals {, Spezifikation_eines_Aufzählungsliterals})

Spezifikation_eines_Aufzählungsliterals ::= Aufzählungsliteral

Aufzählungsliteral ::= Bezeichner | Zeichenliteral

--
-- 3.5.4 Ganzzahlige Typen
--

Definition_eines_ganzzahligen_Typs ::= Bereichseinschränkung

--
-- 3.5.6 Reelle Typen
--

Definition_eines_reellen_Typs ::= Gleitpunkteinschränkung | Festpunkteinschränkung

--
-- 3.5.7 Gleitpunkttypen
--

Gleitpunkteinschränkung ::=
    Definition_einer_Gleitpunktgenauigkeit [Bereichseinschränkung]

Definition_einer_Gleitpunktgenauigkeit ::= **digits** *statischer*_einfacher_Ausdruck

--
-- 3.5.9 Festpunkttypen
--

Festpunkteinschränkung ::=
    Definition_einer_Festpunktgenauigkeit [Bereichseinschränkung]

Definition_einer_Festpunktgenauigkeit ::= **delta** *statischer*_einfacher_Ausdruck

--
-- 3.6 Reihungstypen
--

Definition_eines_Reihungstyps ::=
    uneingeschränkte_Reihungsdefinition | eingeschränkte_Reihungsdefinition

uneingeschränkte_Reihungsdefinition ::=
   array (Definition_eines_Indexuntertyps {, Definition_eines_Indexuntertyps}) **of**
        *Komponenten*_Untertypangabe

eingeschränkte_Reihungsdefinition ::=
   array Indexeinschränkung **of** *Komponenten*_Untertypangabe

Definition_eines_Indexuntertyps ::= Typkennung **range** < >

Indexeinschränkung ::= (diskreter_Bereich {, diskreter_Bereich})

diskreter_Bereich ::= *diskrete*_Untertypangabe | Bereich

--
-- 3.7 Verbundtypen
--

Definition_eines_Verbundtyps ::=
   record
      Komponentenliste
   end record

Komponentenliste ::=
   Komponentenvereinbarung {Komponentenvereinbarung}
   | {Komponentenvereinbarung} Variantenteil
   | **null**;

Komponentenvereinbarung ::=
   Bezeichnerliste : Definition_eines_Komponentenuntertyps [:= Ausdruck];

Definition_eines_Komponentenuntertyps ::= Untertypangabe

--
-- 3.7.1 Diskriminanten
--

Diskriminantenteil ::=
   (Diskriminantenspezifikation {; Diskriminantenspezifikation})

Diskriminantenspezifikation ::=
   Bezeichnerliste : Typkennung [:= Ausdruck]

--
-- 3.7.2 Diskriminanteneinschränkungen
--

Diskriminanteneinschränkung ::=
   (Diskriminantenzuordnung {, Diskriminantenzuordnung})

Diskriminantenzuordnung ::=
   [*Diskriminanten*_einfacher_Name {| *Diskriminanten*_einfacher_Name} =>]
      Ausdruck

```
--
-- 3.7.3  Variantenteile
--

Variantenteil ::=
  case Diskriminanten_einfacher_Name is
    Variante
    {Variante}
  end case;

Variante ::= when Auswahl {| Auswahl} => Komponentenliste

Auswahl ::=
  einfacher_Ausdruck      | diskreter_Bereich
 | others                 | Komponenten_einfacher_Name


--
-- 3.8  Zugriffstypen
--

Definition_eines_Zugriffstyps ::= access Untertypangabe

unvollständige_Typvereinbarung ::= type Bezeichner [Diskriminantenteil];


--
-- 3.9  Vereinbarungsteile
--

Vereinbarungsteil ::= {Grundvereinbarungselement} {späteres_Vereinbarungselement}

Grundvereinbarungselement ::=
  Grundvereinbarung | Darstellungsklausel | Use-Klausel

späteres_Vereinbarungselement ::=
  Rumpf                    | Unterprogrammvereinbarung
 | Paketvereinbarung       | Prozeßvereinbarung
 | generische_Vereinbarung | Use-Klausel
 | generische_Ausprägung

Rumpf ::= eigentlicher_Rumpf | Stummel_eines_Rumpfes

eigentlicher_Rumpf ::= Unterprogrammrumpf | Paketrumpf | Prozeßrumpf
```

```
--  ┌──────────────────────────────────┐
--  │                                  │
--  │         4.  Namen und Ausdrücke  │
--  │                                  │
--  └──────────────────────────────────┘
--

-- 4.1  Namen
--
```

```
Name ::=
  einfacher_Name            | einfacher_Name
  | Zeichenliteral          | Operatorsymbol
  | indizierte_Komponente   | Ausschnitt
  | selektierte_Komponente  | Attribut

einfacher_Name ::= Bezeichner

Präfix ::= Name | Funktionsaufruf

--
-- 4.1.1  Indizierte Komponenten
--

indizierte_Komponente ::= Präfix (Ausdruck {, Ausdruck})

--
-- 4.1.2  Ausschnitte
--

Ausschnitt ::= Präfix (diskreter_Bereich)

--
-- 4.1.3  Selektierte Komponenten
--

selektierte_Komponente ::= Präfix.Selektor

Selektor ::= einfacher_Name | Zeichenliteral | Operatorsymbol | all

--
-- 4.1.4  Attribute
--

Attribut ::= Präfix'Attribut_Bezeichnung

Attribut_Bezeichnung ::= einfacher_Name [(universeller_statischer_Ausdruck)]

--
-- 4.3  Aggregate
--

Aggregat ::= (Komponentenzuordnung {, Komponentenzuordnung})

Komponentenzuordnung ::= [Auswahl {| Auswahl} => ] Ausdruck

--
-- 4.4  Ausdrücke
--

Ausdruck ::=
  Relation {and Relation}   | Relation {and then Relation}
  | Relation {or Relation}  | Relation {or else Relation}
  | Relation {xor Relation}
```

Relation ::=
    einfacher_Ausdruck [Relationsoperator einfacher_Ausdruck]
  | einfacher_Ausdruck [not] in Bereich
  | einfacher_Ausdruck [not] in Typkennung

einfacher_Ausdruck ::=
    [einstelliger_Additionsoperator] Term {zweistelliger_Additionsoperator Term}

Term ::= Faktor {Multiplikationsoperator Faktor}

Faktor ::= Primärausdruck [** Primärausdruck] | abs Primärausdruck | not Primärausdruck

Primärausdruck ::=
    numerisches_Literal | null | Aggregat | Zeichenkettenliteral
  | Name | Allokator | Funktionsaufruf | Typkonvertierung
  | qualifizierter_Ausdruck | (Ausdruck)

--
-- 4.5 Operatoren und die Auswertung von Ausdrücken
--

logischer_Operator ::= and | or | xor

Relationsoperator ::= = | /= | < | <= | > | >=

zweistelliger_Additionsoperator ::= + | - | &

einstelliger_Additionsoperator ::= + | -

Multiplikationsoperator ::= * | / | mod | rem

Operator_mit_höchster_Präzedenz ::= ** | abs | not

--
-- 4.6 Typkonvertierungen
--

Typkonvertierung ::= Typkennung (Ausdruck)

--
-- 4.7 Qualifizierte Ausdrücke
--

qualifizierter_Ausdruck ::= Typkennung'(Ausdruck) | Typkennung'Aggregat

--
-- 4.8 Allokatoren
--

Allokator ::=
    new Untertypangabe
  | new qualifizierter_Ausdruck

```
5.  Anweisungen
```

5.1 Einfache und zusammengesetzte Anweisungen - Anweisungsfolgen

Anweisungsfolge ::= Anweisung {Anweisung}

Anweisung ::= {Marke} einfache_Anweisung | {Marke} zusammengesetzte_Anweisung

einfache_Anweisung ::=
    Null_Anweisung | Zuweisungsanweisung
  | Prozeduraufrufanweisung | Exit_Anweisung
  | Return_Anweisung | Goto_Anweisung
  | Eingangsaufrufanweisung | Delay_Anweisung
  | Abort_Anweisung | Raise_Anweisung
  | Code_Anweisung

zusammengesetzte_Anweisung ::=
    If_Anweisung | Case_Anweisung
  | Schleifenanweisung | Blockanweisung
  | Accept_Anweisung | Select_Anweisung

Marke ::= << *Marken*_einfacher_Name >>

Null_Anweisung ::= **null**;

5.2 Die Zuweisungsanweisung

Zuweisungsanweisung ::= *Variablen*_Name := Ausdruck;

5.3 If-Anweisungen

If_Anweisung ::=
    if Bedingung **then**
        Anweisungsfolge
    {**elsif** Bedingung **then**
        Anweisungsfolge}
    [**else**
        Anweisungsfolge]
    end if;

Bedingung ::= *boolescher*_Ausdruck

```
--
-- 5.4  Case-Anweisungen
--

Case_Anweisung ::=
  case Ausdruck is
    Case_Anweisungsalternative
    {Case_Anweisungsalternative}
  end case;

Case_Anweisungsalternative ::=
    when Auswahl {| Auswahl} => Anweisungsfolge

--
-- 5.5  Schleifenanweisungen
--

Schleifenanweisung ::=
  [Schleifen_einfacher_Name :] [Wiederholungsvorschrift] loop
    Anweisungsfolge
  end loop  [Schleifen_einfacher_Name];

Wiederholungsvorschrift ::=
  while Bedingung
 | for Spezifikation_eines_Schleifenparameters

Spezifikation_eines_Schleifenparameters ::= Bezeichner in [reverse] diskreter_Bereich


--
-- 5.6  Blockanweisungen
--

Blockanweisung ::=
  [Block_einfacher_Name :]
  [declare
      Vereinbarungsteil]
   begin
      Anweisungsfolge
  [exception
      Ausnahmebehandler
      {Ausnahmebehandler}]
   end [Block_einfacher_Name];


--
-- 5.7  Exit-Anweisungen
--

Exit_Anweisung ::= exit [Schleifen_Name] [when Bedingung];
```

```
--
-- 5.8  Return-Anweisungen
--
```

Return_Anweisung ::= **return** [Ausdruck];

```
--
-- 5.9  Goto-Anweisungen
--
```

Goto_Anweisung ::= **goto** *Marken_*Name;

```
--  ┌─────────────────────────────────────┐
--  │                                     │
--  │         6.  Unterprogramme          │
--  │                                     │
--  └─────────────────────────────────────┘
--
-- 6.1  Unterprogrammvereinbarungen
--
```

Unterprogrammvereinbarung ::= Unterprogrammspezifikation;

Unterprogrammspezifikation ::=
   procedure Bezeichner [formaler_Teil]
 | **function** Bezeichnung [formaler_Teil] **return** Typkennung

Bezeichnung ::= Bezeichner | Operatorsymbol

Operatorsymbol ::= Zeichenkettenliteral

formaler_Teil ::= (Parameterspezifikation {; Parameterspezifikation})

Parameterspezifikation ::= Bezeichnerliste : Modus Typkennung [:= Ausdruck]

Modus ::= [**in**] | **in out** | **out**

```
--
-- 6.3  Unterprogrammrümpfe
--
```

Unterprogrammrumpf ::=
   Unterprogrammspezifikation **is**
     [Vereinbarungsteil]
 begin
     Anweisungsfolge
 [**exception**
     Ausnahmebehandler
     {Ausnahmebehandler}]
 end [Bezeichnung];

```
--
-- 6.4  Unterprogrammaufrufe
--
```

Prozeduraufrufanweisung ::= *Prozedur*_Name [aktueller_Parameterteil];

Funktionsaufruf ::= *Funktions*_Name [aktueller_Parameterteil]

aktueller_Parameterteil ::=
  (Parameterzuordnung {, Parameterzuordnung})

Parameterzuordnung ::= [formaler_Parameter =>] aktueller_Parameter

formaler_Parameter ::= *Parameter*_einfacher_Name

aktueller_Parameter ::=
  Ausdruck | *Variablen*_Name | Typkennung (*Variablen*_Name)

```
--  ┌─────────────────────────────────────┐
--  │                                     │
--  │            7.  Pakete               │
--  │                                     │
--  └─────────────────────────────────────┘
--
-- 7.1  Paketstruktur
--
```

Paketvereinbarung ::= Paketspezifikation;

Paketspezifikation ::=
  package Bezeichner **is**
    {Grundvereinbarungselement}
  [**private**
    {Grundvereinbarungselement}
  end [*Paket*_einfacher_Name]

Paketrumpf ::=
  package body *Paket*_einfacher_Name **is**
    [Vereinbarungsteil]
  [**begin**
    Anweisungsfolge
  [**exception**
    Ausnahmebehandler
    {Ausnahmebehandler}]]
  end [*Paket*_einfacher_Name];

-- 7.4 Vereinbarungen privater Typen und offene Konstantenvereinbarungen

private_Typvereinbarung ::=
    type Bezeichner [Diskriminantenteil] **is** [**limited**] **private**;

offene_Konstantenvereinbarung ::= Bezeichnerliste : **constant** Typkennung;

----
                  8. Sichtbarkeitsregeln

-- 8.4 Use-Klauseln

Use-Klausel ::= **use** *Paket*_Name {, *Paket*_Name};

-- 8.5 Synonymvereinbarungen

Synonymvereinbarung ::=
    Bezeichner : Typkennung **renames** *Objekt*_Name;
  | Bezeichner : **exception renames** *Ausnahme*_Name;
  | **package** Bezeichner **renames** *Paket*_Name;
  | Unterprogrammspezifikation **renames** *Unterprogramm_oder_Eingangs*_Name;

----
                  9. Prozesse

-- 9.1 Prozeßspezifikationen und Prozeßrümpfe

Prozeßvereinbarung ::= Prozeßspezifikation

Prozeßspezifikation ::=
    task [**type**] Bezeichner [**is**
        {Eingangsvereinbarung}
        {Darstellungsklausel}
    end [*Prozeß*_einfacher_Name]];

Prozeßrumpf ::=
  task body *Prozeß*_einfacher_Name **is**
    [Vereinbarungsteil]
  begin
    Anweisungsfolge
  [**exception**
    Ausnahmebehandler
    {Ausnahmebehandler}]
  end [*Prozeß*_einfacher_Name];

--
-- 9.5 Eingänge, Eingangsaufrufe und Accept-Anweisungen
--

Eingangsvereinbarung ::= **entry** Bezeichner [(diskreter_Bereich)] [formaler_Teil];

Eingangsaufrufanweisung ::= *Eingangs*_Name [aktueller_Parameterteil];

Accept_Anweisung ::=
  accept *Eingangs*_einfacher_Name [(Eingangsindex)] [formaler_Teil] [**do**
    Anweisungsfolge
  end [*Eingangs*_einfacher_Name]];

Eingangsindex ::= Ausdruck

--
-- 9.6 Delay-Anweisungen, Typen Duration und Time
--

Delay_Anweisung ::= **delay** einfacher_Ausdruck;

--
-- 9.7 Select-Anweisungen
--

Select_Anweisung ::=
  selektives_Warten | bedingter_Eingangsaufruf | befristeter_Eingangsaufruf

--
-- 9.7.1 Selektives Warten
--

selektives_Warten ::=
  select
    Select_Alternative
  {**or** Select_Alternative}
  [**else** Anweisungsfolge]
  end select;

Select_Alternative ::= [**when** Bedingung =>] selektive_Warte_Alternative

selektive_Warte_Alternative ::=
  Accept_Alternative | Delay_Alternative | Terminate_Alternative

Accept_Alternative ::= Accept_Anweisung [Anweisungsfolge]

Delay_Alternative ::= Delay_Anweisung [Anweisungsfolge]

Terminate_Alternative ::= **terminate;**

--
-- 9.7.2 Bedingte Eingangsaufrufe
--

bedingter_Eingangsaufruf ::=
  select
    Eingangsaufrufanweisung [Anweisungsfolge]
  else
    Anweisungsfolge
  end select;

--
-- 9.7.3 Befristete Eingangsaufrufe
--

befristeter_Eingangsaufruf ::=
  select
    Eingangsaufrufanweisung [Anweisungsfolge]
  or
    Delay_Alternative
  end select;

--
-- 9.10 Abort-Anweisungen
--

Abort_Anweisung ::= **abort** *Prozeß*_Name {, *Prozeß*_Name};

--
--
--   10. Programmstruktur und Übersetzung
--
--
--

-- 10.1 Übersetzungseinheiten - Bibliothekseinheiten
--

Übersetzung ::= {Übersetzungseinheit}

Übersetzungseinheit ::=
  Kontextklausel Bibliothekseinheit | Kontextklausel sekundäre_Einheit

Bibliothekseinheit ::=
  Unterprogrammvereinbarung | Paketvereinbarung
  | generische_Vereinbarung | generische_Ausprägung
  | Unterprogrammrumpf

sekundäre_Einheit ::= Rumpf_einer_Bibliothekseinheit | Untereinheit

Rumpf_einer_Bibliothekseinheit ::= Unterprogrammrumpf | Paketrumpf

Kontextklausel ::= {With_Klausel [Use-Klausel]}

With_Klausel ::= **with** *Einheit*_einfacher_Name {, *Einheit*_einfacher_Name};

--
-- 10.2 Untereinheiten von Übersetzungseinheiten
--

Stummel_eines_Rumpfes ::=
  Unterprogrammspezifikation **is separate**;
  | **package body** *Paket*_einfacher_Name **is separate**;
  | **task body** *Prozeß*_einfacher_Name **is separate**;

Untereinheit ::= **separate** (*Vatereinheit*_Name) eigentlicher_Rumpf

-- ┌───┐
-- │   │
-- │   11. Ausnahmen   │
-- │   │
-- └───┘
--
-- 11.1 Ausnahmevereinbarungen
--

Ausnahmevereinbarung ::= Bezeichnerliste : **exception**;

--
-- 11.2 Ausnahmebehandler
--

Ausnahmebehandler ::=
  when Ausnahmeauswahl {| Ausnahmeauswahl} => Anweisungsfolge

Ausnahmeauswahl ::= *Ausnahme*_Name | **others**

--
-- 11.3 Raise-Anweisungen
--

Raise_Anweisung ::= **raise** [*Ausnahme*_Name];

12. Generische Einheiten

-- 12.1 Generische Vereinbarungen

generische_Vereinbarung ::= generische_Spezifikation;

generische_Spezifikation ::=
  generischer_formaler_Teil Unterprogrammspezifikation;
  generischer_formaler_Teil Paketspezifikation;

generischer_formaler_Teil ::= **generic** {generische_Parametervereinbarung}

generische_Parametervereinbarung ::=
  Bezeichnerliste : [**in** [**out**] Typkennung [:= Ausdruck];
 | **type** Bezeichner **is** Definition_eines_generischen_Typs;
 | private_Typvereinbarung
 | **with** Unterprogrammspezifikation [**is** Name];
 | **with** Unterprogrammspezifikation **is** <>;

Definition_eines_generischen_Typs ::=
  (<>) | **range** <> | **digits** <> | **delta** <>
 | Definition_eines_Reihungstyps | Definition_eines_Zugriffstyps

-- 12.3 Generische Ausprägung

generische_Ausprägung ::=
  package Bezeichner **is**
    new *generisches_Paket*_Name [generischer_aktueller_Teil];
 | **procedure** Bezeichner **is**
    new *generische_Prozedur*_Name [generischer_aktueller_Teil];
 | **function** Bezeichnung **is**
    new *generische_Funktion*_Name [generischer_aktueller_Teil];

generischer_aktueller_Teil ::= (generische_Zuordnung {, generische_Zuordnung})

generische_Zuordnung ::=
  [generischer_formaler_Parameter =>] generischer_aktueller_Parameter

generischer_formaler_Parameter ::= *Parameter*_einfacher_Name | Operatorsymbol

generischer_aktueller_Parameter ::= Ausdruck
 | *Variablen*_Name | *Unterprogramm*_Name | *Eingangs*_Name | Typkennung

13. Darstellungsklauseln und
    implementierungsabhängige Eigenschaften

13.1 Darstellungsklauseln

Darstellungsklausel ::= Typdarstellungsklausel | Adreßklausel

Typdarstellungsklausel ::=
  Längenklausel | Aufzählungs_Darstellungsklausel | Verbund_Darstellungsklausel

13.2 Längenklauseln

Längenklausel ::= **for** Attribut **use** einfacher_Ausdruck;

13.3 Aufzählungsdarstellungsklauseln

Aufzählungs_Darstellungsklausel ::= **for** *Typ*_einfacher_Name **use** Aggregat;

13.4 Verbunddarstellungsklauseln

Verbund_Darstellungsklausel ::=
  for *Typ*_einfacher_Name **use**
    record [Ausrichtungsklausel;]
      {Komponentenklausel}
    end record;

Ausrichtungsklausel ::= **at mod** *statischer*_einfacher_Ausdruck

Komponentenklausel ::=
  *Komponenten*_Name **at** *statischer*_einfacher_Ausdruck **range** *statischer*_Bereich;

13.5 Adreßklauseln

Adreßklausel ::= **for** einfacher_Name **use at** einfacher_Ausdruck;

13.8 Maschinencode-Einfügungen

Code_Anweisung ::= Typkennung'*Verbund*_Aggregat;

Index der Grammatik-Symbole

ANHANG B: RESERVIERTE WÖRTER

Dies ist die Liste der reservierten Wörter in Ada. Reservierte Wörter haben eine vordefinierte Bedeutung und können damit nicht als Bezeichner für benutzerdefinierte Größen verwendet werden.

abort	declare	generic	of	select
abs	delay	goto	or	separate
accept	delta		others	subtype
access	digits	if	out	
all	do	in		task
and		is	package	terminate
array			pragma	then
at	else		private	type
	elsif	limited	procedure	
	end	loop		
begin	entry		raise	use
body	exception		range	
			rem	while
	exit	mod	record	when
		new	renames	with
case	for	not	return	
constant	function	null	reverse	xor

1. ANHANG C: DEUTSCHE ADA TERMINOLOGIE

Die folgende Aufstellung enthält die in dieser Einführung verwendeten deutschen Übersetzungen der technischen Begriffe des englischen Originals. Sie hält sich an einen Vorschlag zu einer einheitlichen deutschen Ada-Terminologie, die von einer Gruppe von Ada-Fachleuten vorgeschlagen und vom Normungsausschuß Informationsverarbeitungssysteme (DIN/NI-5.8) als Grundlage für die Normungsarbeit akzeptiert wurde. Die Übersetzung zusammengesetzter Begriffe, die sich direkt aus der Übersetzung der Teilbegriffe ergibt wird nicht aufgeführt (z.B. Aufzählungsdarstellungsklausel - enumeration representation clause).

abgeleitet	derived
Abort	abort
Accept	accept
Additionsoperator	adding operator
Adresse	address
Aggregat	aggregate
aktuell	actual
Allokator	allocator
Alternative	alternative
anderes Sonderzeichen	other special character
Anweisung	statement
Anweisungsfolge	sequence of statements
Argument	argument
Attribut	attribute
Aufruf	call
Aufzählung	enumeration
Ausdruck	expression
Ausnahme	exception
Ausnahmebehandler	exception handler
Ausprägung	instantiation
Ausrichtung	alignment
Ausschnitt	slice
Auswahl	choice
Basis Schriftzeichen	basic graphic character
Basis Zeichen	basic character
Basis	base
basisbezogen	based
bedingter Eingangsaufruf	conditional entry call
Bedingung	condition
beenden	terminate
befristeter Eingangsaufruf	timed entry call
Bereich	range
Bezeichner	identifier
Bezeichnung	designator
Bibliothek	library
Blockanweisung	block statement

Buchstabe	letter
Case	case
Code	code
Darstellung	representation
Datei	file
Delay	delay
dezimal	decimal
diskret	discrete
Diskriminante	discriminant
eigentlicher Rumpf	proper body
einfach	simple
Eingang	entry
eingeschränkt	constrained
Einheit	unit
Einschränkung	constraint
einstellig	unary
Elementtest	membership test
Ergebnis	result
Exit	exit
Exponent	exponent
Faktor	factor
Festpunkt	fixed point
formal	formal
Formatsteuerzeichen	format effector
Funktion	function
Gültigkeitsbereich	scope
ganze Zahl	integer
ganzzahlig	integer
getrennte Übersetzung	separate compilation
generisch	generic
Gleichheit	equality
Gleitpunkt	floating point
Goto	goto
Großbuchstabe	upper case letter
Grundvereinbarung	basic declaration
Grundvereinbarungselement	basic declarative item
Hauptprogramm	main program
If	if
importieren	import
Index	index
indizierte Komponente	indexed component
Klausel	clause
Kleinbuchstabe	lower case letter
Komponente	component
Konkatenation	catenation
Konstante	constant
Kontext	context

Kurzauswertung	short circuit evaluation
Längenklausel	length clause
Leerzeichen	space character
limitiert	limited
Literal	literal
logischer Operator	logical operator
Marke	label
Modus	mode
Multiplikationsoperator	multiplying operator
Name	name
Null	null
numerisch	numeric
Obergrenze	upper bound
Objekt	object
offene Konstante	deferred constant
Operator	operator
Operatorsymbol	operator symbol
Paket	package
Parameter	parameter
Präfix	prefix
Pragma	pragma
Primärausdruck	primary
privat	private
Prozeß	task
Prozedur	procedure
qualifizierter Ausdruck	qualified expression
Raise	raise
reeller Typ	real type
Reihung	array
Relation	relation
reserviertes Wort	reserved word
Return	return
Rumpf	body
Schablone	template
Schleifenanweisung	loop statement
Schriftzeichen	graphic character
sekundäre Einheit	secondary unit
Select	select
selektives Warten	selective wait
selektierte Komponente	selected component
Selektor	selector
sichtbar	visible
Sonderzeichen	special character
Sonderziffer	extended digit
späteres Vereinbarungselement	later declarative item
Spezifikation	specification
Sprung	transfer of control

Stummel	stub
Stummel eines Rumpfes	body stub
Synonym	renaming
Teil	part
Term	term
Terminate	terminate
Typ	type
Typkennung	type mark
Typkonvertierung	type conversion
Überladen	overloading
Übersetzung	compilation
uneingeschränkt	unconstrained
Unterbrechung	interrupt
Untergrenze	lower bound
Unterprogramm	subprogram
Unterstreichung	underline
Untertyp	subtype
Untertypangabe	subtype indication
Untereinheit	subunit
unvollständige Typvereinbarung	incomplete type declaration
unvollständiger Typ	incomplete type
Use-Klausel	use clause
Variable	variable
Variante	variant
Vatereinheit	parent unit
Verbund	record
Vereinbarung	declaration
vollständige Typvereinbarung	full type declaration
Vorbesetzung	default
vordefiniert	predefined
Wert	value
Wiederholungsvorschrift	iteration scheme
Wiederholung	iteration
With-Klausel	with clause
Zahl	number
Zeichen	character
Zeichenkette	string
zeitbedingter Eingangsaufruf	timed entry call
Zieltyp	referenced type
Ziffer	digit
Zugriff	access
Zuordnung	association
zusammengesetzte Anweisung	compound statement
zusammengesetzter Typ	composite type
Zuweisung	assignment
zweistellig	binary

INDEX

Springer Compass

Herausgegeben von G. R. Kofer, P. Schnupp und H. Strunz

J. Gulbins: UNIX. Eine Einführung in Begriffe und Kommandos von UNIX Version 7, System II und System V. 2., vollständig überarbeitete und erweiterte Auflage. IX, 556 S. 1985

N. Wirth: Programmieren in Modula-2. Übersetzt aus dem Englischen von G. Pfeiffer. XIV, 220 S., 2 Abb. 1985

W. Reisig: Systementwurf mit Netzen. XII, 125 S., 139 Abb. 1985

K. Kurbel: Programmierstil in Pascal, Cobol, Fortran, Basic, PL/1. XII, 328 S., 52 Abb. 1985

J. Nehmer: Softwaretechnik für verteilte Systeme. XIII, 185 S., 66 Abb. 1985

T. Baggenstos, R. Marty, B. Mergler, P. Schnorf: UNIX als Basis für Softwareentwicklung. X, 199 S., 124 Abb. 1985

P. Schnupp, U. Leibrandt: Expertensysteme – Nicht nur für Informatiker. VIII, 140 S., 31 Abb. 1986

J. Bechlars, R. Buhtz: GKS in der Praxis. XIV, 379 S., 50 Abb. 1986

R. Franck: Rechnernetze und Datenkommunikation. XII, 254 S., 75 Abb. 1986

J. Hansel, G. Lomnitz: Projektleiter-Praxis. Erfolgreiche Projektabwicklung durch verbesserte Kommunikation und Kooperation. Ein Arbeitsbuch. XII, 224 S., 23 Abb. 1987

G. Goos, G. Persch und J. Uhl: Programmiermethodik mit Ada. VIII, 160 S., 1987